马克思主义稀有文献

《大同学》

一八九九年出版

第一部传播马克思主义的中文文献

张远航 主编

CCTP 中央编译出版社
Central Compilation & Translation Press

图书在版编目（CIP）数据

马克思主义稀有文献.《大同学》/ 张远航主编. 北京 : 中央编译出版社, 2024. 11. -- ISBN 978-7-5117-4647-4

Ⅰ. A81-53

中国国家版本馆CIP数据核字第20243UZ693号

马克思主义稀有文献：《大同学》

选题策划 张远航
责任编辑 郑菲菲
责任印制 李 颖
出版发行 中央编译出版社
网 址 www.cctpcm.com
地 址 北京市海淀区北四环西路 69 号 (100080)
电 话 (010)55627391 (总编室) (010)55627392 (编辑室)
(010)55627320 (发行部) (010)55627377 (新技术部)
经 销 全国新华书店
印 刷 佳兴达印刷（天津）有限公司
开 本 787 毫米 ×1092 毫米 1/16
字 数 136千字
印 张 10.25
版 次 2024 年 11 月第 1 版
印 次 2024 年 11 月第 1 次印刷
定 价 480.00 元

新浪微博：@ 中央编译出版社 微 信：中央编译出版社 (ID：cctphome)
淘宝店铺：中央编译出版社直销店 (http：//shop108367160.taobao.com) (010)55627331

本社常年法律顾问：北京市吴栾赵阎律师事务所律师 闫军 梁勤

前　言

十九世紀末二十世紀初，馬克思主義在西學東漸的大潮中傳入中國。中文報刊中第一次提到馬克思及其學説就是在一八九九年二月出版的《萬國公報》中。

《萬國公報》是由廣學會創辦的旨在宣傳西方思想的報刊。一八九一年，李提摩太開始主持廣學會工作，他一上任就擬定了將《萬國公報》辦成一份包含高級期刊、出版一系列西學和宗教書籍、舉辦有奬徵文活動、籌設演講會和博物館、利用每次科舉考試之機向年輕士子散發宣傳品和贈送書刊、在全國每個考試中心設立書刊代銷處、幫助中國人組織學會等欄目的刊物，後將西方重要著述先期刊登于《萬國公報》，之後集結成册出書。

在李提摩太的推動下，《萬國公報》成爲當時的主流刊物之一。一八九九年二月，李提摩太和蔡爾康合譯的《大同學》在《萬國公報》刊發，緊接着在三月、四月、五月連載了《大同學》的前四章内容。就是在這篇文章中，首次出現了關于馬克思和《共産黨宣言》的介紹。文章中稱馬克思爲『其以百工領袖著名者』，也就是工人運動的領導人，稱社會主義爲『安民新學』。文章中還有《共産黨宣言》的一段文字：『馬克思之言曰：「糾股辦事之人，其權籠罩五洲，突過于君相之範圍一國。」』這句話現在譯爲：『資産階級，由于開拓了世界市場，使一切國家的生産和消費都成爲世界性的了。』

《大同學》其實是由英國社會學家、進化論者本杰明·基德在一八九四年出版的《社會進化論》翻譯而來。它在《萬國公報》上刊發後，引起了社會輿論的强烈反響，後來廣學會將全書十章内容全部校刊出版。除了前面提到的關于馬克思的内容，在《大同學》第四十頁的第八章《今世養民策》中，又提到馬克思、恩格斯的名字，書中寫道：『德國講求養民學者。有名人焉。一曰馬克思。一曰恩格斯。』在《大同學》第八章第四十二頁中，在論及解决貧富矛盾時寫道：『恩格斯有言。貧民聯合以制富人。是人之能自别于禽獸。而不任人簸弄也。且從今以後。使富家不得不以人類待之也。民之貧者。富家不得再制其死命也。』

李提摩太在《大同學》的譯序中指出，他們的翻譯僅是節譯，是一種概括原著大意的重新創作。他進一步指出：『爲中西文法不同，不必句翻字譯。故僅節取各章中扼要語，臚舉無遺。』爲其筆譯的蔡爾康是《萬國公報》的中文執筆，此人文才極好、學養淵深，頻用典故、文學水平較高。

此次整理出版的《大同學》，此前從未以原貌完整地公之于衆。鑒于《大同學》在中國馬克思主義傳播史上的特殊意義，我們將它的全貌呈現給廣大讀者，希望爲學術界、理論界提供寶貴的原始文獻。

大同學

西歷一千八百九十九年

大同學

上海廣學會校刊

光緒二十五年歲次己亥

初次開印計二千本

大同學節譯本自序

英國文教蔚興。多士殫心著述。每歲印行書籍。恒以五六千種。計。其中覆印舊作。約僅一千餘種。初印新編。乃四千餘。美法德諸國。亦多崇尙學業。歲出書籍。與英國不相上下。特綜而衡之。一切新書。大都新印之時。購者絡繹。及其售罄。卽似滅跡銷聲。蓋方之積薪。後來居上。前作味同嚼蠟。無取乎陳陳相因也。然其中必有數種要書。大有裨於人世。卽至流傳日久。人仍以先睹爲快。問諸書肆。幾似通行之典籍。印售者自層出不窮。英國器德先生所著之大同學。由此其選也。先生熟精會計。任事於英國統計之學。教天下萬事之統數。昭晰無遺。著之於書。信而足恃。西歷一千八百九十五年。錄本既成。家絃戶誦。明哲之士。允共津津樂道。且有人譯成數國之文字。以通行於他國。嗚呼。可不謂盛歟。余嘗受而讀之。知書中之命意。實見夫居今之世。講求格致等諸新學者。日衆日盛。又見夫考工之政。開物而成務。通路之法。輪舟而火車。通商之人。梯山而航海。更見有各大國者。競築兵艦以爲雄。其鑄械巧於前。其練兵又多於前。或疑各國之興。莫不由是。滔滔不返。孰指迷津。於是各大國整軍經武之需。爲地球自古以來未有之鉅。及至環顧斯民。則不但自求口實已也。更代國家養數千萬坐食之兵。民生安得而不困。且募兵製械之數。尚不知何所底止。小民顛連窘迫。勢亦必歲人曰。居今之世。人必以自主爲君。斷不可再爲暴虐世界之奴隸。此語流傳至今日。人共知以自主爲君。其妙不可思議。然而槁餓而死者。即此君也。則將若之何。

民爲邦本。古有明訓。乃不能餬口者。偏屢見於民之中。此所謂本實先撥。枝葉未有不受其害者也。美人哲而治有言。試問今日之君相。有眞能得安民之良法者乎。藉曰自以爲既得矣。乃起視斯民。仍終其身於困苦之中。所謂安者何在。哲而治又曰。民皆平等。宜共操擧官之權。意非不善也。特擧官以治民。而治民之官。仍任民間有豪富之一流。又有赤貧之一類。是殆擧三角形之物。而強令一角之植立於地也。顚仆之禍。儳焉如不終

西歷一千八百九十九年五月英國李提摩太菩岳氏序於廣學會之寓樓

大同學目錄

廣學會譯本

英國器德元本
李提摩太譯
上海蔡爾康筆述

第一章今世景象

英國李提摩太菩岳節譯
上海蔡爾康芝紱甫纂述

大圜之下。烏飛兎走而成旦暮。扇凉爐煖而成冬夏。歷旦暮冬夏之所積。飄瞥而逮於今世。其關繫之重且鉅。竟爲百世之所未有。明哲之士。類能知之。且類能言之。或更創爲高論曰。自今以往。將別成一新世界。不佞獨居深念。兼博考通人之撰述。竊冀折衷至當。奉爲治理今世之準繩。不謂十九周中。泰西以耶穌降世後每百年爲一周就華歷言自中國嘉慶初年以迄於今是爲第十九周分講格致諸學。以專門名家顯者。所在多有。更有講生長變化之新學者。析理之精。曠代亦鮮出其右。及進而究大同二字出禮禮運篇蓋禹湯文武之成王周公之治猶僅小康耳理。縱使名流接踵。多冥心屏氣而不之道。其偶有道及之一二人。亦復凌躐失序。雜亂無章。不亦大可異歟。英國才人施本思。（或譯作斯賓塞爾）善談名理。會著萬理合貫一書。高築選樓者。評之爲今世要典之一。間嘗受而讀之。喜其能舉生長變化之學。推諸萬學。乃萬學之冠。有如大同學者。竟未能明言其理。豈不可惜。德人某施本思之高足弟子也。甚欲講大同之學。以彌其師之缺憾。然亦未能妥洽。至於英士胡思禮。實爲英國格致家之領袖。嘗暢論今世安民之法。不料流於謬妄。竟如俄國之伲俙俐黨人。尤爲通儒所齒冷。更回溯至十八周之世。（西歷一千七百一年以後當中國康熙中葉至嘉慶初元是爲第十八周）法國有喇飛雷者。恒語人曰。居今之世。人必以自主爲君。斷不可再爲暴虐世界之奴隷。此語流傳至今日。人共知以自主爲君。其妙不可思議。然而槁餓而死者。卽此君也。則將若之何。

民爲邦本。古有明訓。乃不能餬口者。偏屢見於民之中。此所謂本實先撥。枝葉未有不受其害者也。美人哲而治有言。試問今日之君相。有眞能得安民之良法者乎。藉曰自以爲旣得矣。乃起視斯民。仍終其身於困苦之中。所謂安者何在。哲而治又曰。民皆平等。宜共操舉官之權。意非不善也。特舉官以治民。而治民之官。仍任民間有豪富之一流。又有赤貧之一類。是殆舉三角形之物。而強令一角之植立於地也。顛仆之禍。僟焉如不終日矣。英又有士提反者。著書立說。亦甚擅名於時。其言曰。今之講學家。分門別戶。各具專精之詣。力乃安民善學。獨置不講。是舉其細而遺其大也。至若強作解事。作總挈語。實則含胡籠統。不關痛癢。徒裝門面。庸有濟乎。

十八周之季。法國改革制度。奪世家上品之權。以予中品之紳富。其後更徧分於下品之編氓。比戶皆得舉官。民心大饜。相沿至十九周。歐洲諸國。大半仿行。於是士人之旦夕營求者。不在宰制之權。而在格致之學。精誠所注。金石爲開。故雖新法之經其創獲者。曾不過千百之一二。而一切工藝。興也浡焉。第就製成大機器而言。已宏開草昧經綸之局。是故皇古無論矣。百年以前。五洲暌隔。寂寞荒寒。西被東漸。徒傳虛語。今則輪聲帆影。陸讋水慄。無遠弗屆。有感斯通。而且電綫之長。以一京五兆里計。傳消遞息。萬國比鄰。利便斯民。莫可倫比。特是民生雖便。民力已殫。茅簷蔀屋之中。競求更定安民之善法。爰有人言。今世金銀氣重。壓損愁眉。有財者富駕侯王。罔知饜足。無財者貧如乞丐。莫可告哀。且也鄉閭務農之人。日見其少。城市傭工之子。日見其多。究之居肆以成事者。巧雖恃乎機器。力終出於工人。相彼百工。乃僅可餬其一口乎。且夫機器與人力並興。固世之所藉以生利者也。豪富之家。安坐而享其成。特所謂分利之人耳。分利之人日益富。生利之人日益貧。事之不平。孰甚於此。且富家更施一網打盡之計。一事也。獨力不能勝。則合什伯千萬之衆。盡力以霸占之。是曰糾股公司。工匠輩恒詈之爲股盜。昔年。歐洲有大商局。肆行龍斷之毒。衆商呼之曰。局盜。又有世爵之家。怙勢殃民。萬民呼之曰。爵盜。今日之股盜。猶局盜也。猶爵盜也。工匠則煢煢孑立。生命懸於呼吸。坐視天下之美利。雲驅風捲。以盡入於富室之貪囊。嗚呼。天下之人。大抵不外二等耳。有一等之閒人。斯有一等之傭人。有一等篡位之人。斯有一等失位之人。有一等之劇盜。斯有一等之事主。有志安民者。於此能了然於心。則孰當愛護。孰當懲創。自不煩言而解矣。

歐洲百年以前。已有斷斷於二等之人類者。及至盡人操舉官之權。足以限制乎舊法。又惜其未能善用。有權遂一如無權。而受苦之傭人失位人。與夫被盜之事主。依舊慘無天日也。但物極必反。閒亦有圖洩其忿者。合衆小工而成一大力。往往停工多日。挾制富室。富室竟一籌莫展。似此舉動。較之用兵鳴礮。尤爲猛厲。其以百工領袖著名者。英人馬克思也。馬克思之言曰。糾股辦事之人。其權籠罩五洲。突過於君相之範圍。一國吾儕若不早爲之所。任其蔓延日廣。誠恐徧地球之財幣。必將盡入其手。然萬一到此時勢。當卽係富家權盡之時。何也。窮黎既至其時。實已計無復之。不得不出其自有之權。用以安民而救世。所最苦者。當此內實偏重。外仍如中立之世。迄無講安民新學者。以徧拯此垂盡之貧傭耳。

泰西有教會爲。近年講道。士人。多喜講雷同之事。而不甚講嬌異之端。且多喜奉行善事。而不甚研求名理。殊堪惋惜。但天主耶穌兩教中人皆言。上帝之道。不第使人盡得天生之福已也。更使人共享今世之福。而與格致家爭辨不少屈。格致家之言曰格物創新諸學。事在人爲耳。道學家則曰。世間若但知創法。而不知修心。民何以安。歷年以來。兩家相持不下。乃至今而復有更變矣。格致家言。天地萬物之成。非有無量年前之上帝。特意創之也。天地萬物。本由熱氣而生。熱氣盤旋於空際。不知其若干年歲。由漸增涼。涼氣凝結。乃成日月星諸毬。地亦一星也故言星可以

括地

今專以地毬言。成毬之後。漸生植物。而亦非盡百草萬木。有人徧造之也。從一物始。不知其幾歷歲時。漸變而化成諸物。其後於植物而生者。厥又有動物焉。一如植物之遞變而遞異。亦越於今。鳥獸蟲魚。胎卵濕化。各有主名之可指。問其世系。實皆荒遠而不可究極。必謂太初之始。有人辛苦經營。則虛誣彌甚矣。此一說也。格致家之外。又有經學家。經學家博士之說曰。天下各國相傳之經典。大半由後人裒集古書。指爲某聖某賢之懿訓。初非眞出於聖賢之手也。此又一說也。泰西人緣此二說。遂視教會爲無用之物。而謂祇有格致之實學。大爲世輔。苟能是是。亦足矣。

昔日之講求格致者。大半皆教會中讀書得閒之士。其有不受洗禮。而專講格學者。往往兼信卜筮星相諸事。實樹正道之敵。故教會中人恒駁斥之。且勸衆人。毋爲所惑。若輩之氣大沮。迨今一二百年來。講求天文地輿諸學之士。雖未盡躬入教會。而多崇尚實學。更有專講格致之眞諦者。實已盡掃虛誣之習。與教士殊途同歸。然前怨未忘。故居恒論列是非。仍與教士格格不相入。當法國百年前大變之際。甚有以沙汰教會之說。明目張膽而道之者。

特是教會之興。已歷一千數百年之久。縱使末流多弊。教律漸乖。然砥柱中流。正復大有人在。且沈幾觀變之士。恒憂世變之日亟。迫而動其求道之心。不但教會中人。不得傳其道。則熱中也。竟有素不好道者。亦諄諄然語人曰。斯道一日不立。斯世一日不興。職是之故。雖有誚教會之無益於世者。更有斥教會之有害於世者。甚至以學術宏深之胡思禮。堅持排斥之説。而卒無以服人。英國奥刻師福（譯言牛津）大書院諸生。皆彬彬乎博雅才也。且願分肄業之功。代宣天道。蓋道心之淪浹於人心。如此其深且久矣。

近數十年來。又有博採東西各教之嘉言者。彙集成編。按期宣講。從而受業之士。亦復實繁有徒。

法國創立格致學會。專講人事。力闢天倫。（以人事天是曰天倫）會中主席之士。博學多聞。辨才無礙。然立會僅數十年。會中人漸次星散。可見人心本具秉彝之好。雖以格致學之精詣。究不得而滅之也。

格致家評量事物。悉按公理而蠲私見。且遇事留心細察。務期闡明其理。而後卽安。獨至一語涉於教會。卽大異於講求他事之肫誠。是故敬天修心。明明有實詣焉。格致家乃漫不加察。一概指爲虛影。且天道之興衰。實繫國家之成敗。格致家復一筆抹倒。迄未理會及之。竊思眞有才人。遇極無用物。亦將分肌擘理。期化朽腐而爲神奇。若夫教會之於世道。大有關繫。各國歷代史記。堪爲明證。乃格致家仍屏不道。心偏孰甚。後世必有明理之人。起而痛責其誤者。

格致家與教會有夙仇。上節曾言之。實則講學爲天下之公道。豈能參以私見。英人達文。創講生長變化之理。固馳名於五洲者也。其於教會也。忽問以有何用處。遍考格致家論辨他物之際。必先查明何事。然後講明何理。從未有作此長柄葫蘆之問者。不知人世既有教會。自當格出眞諦。方盡格致本分。而乃達文之外。或則曰敬天修心。本無理取鬧之事。或則曰教會如空礮臺。豈能守國。或更曰俟至徧地大興學校之日。盡人而能讀書。彼教會者。自遁歸於無何有之鄉矣。施本思與其門弟子。尤蔑視教會不已。嘗言。教會如野草。任其自生自滅而已。施君著書。多講物理。亦未有作如此不了漢語者。是皆深堪詫異者也。且格致家之學問。不但不能助教會已也。一行作吏之輩。欲究治民諸學。格致家亦罕有良法以助之。故如師米德暨米勒二君。同著富國新策。苦心孤詣。推究入微。然書中多講積財之法。並未究安民之學。故抱道而憂時者。多未能心悅誠服。惟馬爾沙別著一書。以道德爲宗。以史事爲證。以歷代之治法爲準。言治者庶堪借鑑焉。

要之專精於格致之學者。雖能體會物理。洞晰毫芒。然試與之講論安民良法。政如隔絕十重簾幙。聲息不通。或者。動物學一門。庶可藉以爲迷津之寶筏。特舍此之外。吾見亦罕。民困將奚自蘇哉。夫天下大同之治。本不易致。然民吾同胞。苟任其窮而無告。已飢已溺之謂何也乃格致之學盛行者一二百年。而安民之學。竟共置諸腦後。事之可嘆。孰甚於斯。所願後之研求格致學者。由動物學而推諸安民學。則不徒處士免虛聲之誚。更可使蒼生躋福祿之林矣。

第二章論進境

人之所以異於禽獸者。無他。能求日進無疆而已矣。原夫上天造物之始。禽獸與人。同屬動物之一類。惟人實冠於萬物。用能日進無疆。不特超出於羽毛鱗介諸蟲。更裒然爲倮蟲之長。且充其秀靈之孕毓。能各就其土地。聯合而自成爲國。且有君以宣其化。有民以承其流。民之從君。一如士卒之從將帥。號令旣出。莫之敢違。

人爲萬物之靈。不第明君民之分際已也。盈天地間皆氣也。而人能一一畧知之。有化學家出。更能審其質而標其名。分其類而知其用。甚至電氣之屬。供人驅使。不啻主之役僕。夫氣。其至虛而無麗者也。其至微而無定者也。天地之大權。乃旁落於人中。人不幾與神同其智能哉。

或問。人亦一物耳。而竟能登峯造極者。何也。曰。人之由漸而明。一如國之由漸而興。就其淺近者言之。人如飲食合宜。則充實壯健。否則病且死。有定理焉。惟國亦然。行大益事。則興。若緣不明之故。而行大損之事。亡也忽焉。

昔有達文者。善能考察萬物生長變化之理。盛名鼎鼎。然究其始。則實因考察各國之廢興成敗。而推其理於萬物者也。於此有人焉。覆由萬物生長變化之理。而推諸治國。因遂迴溯各國歷代日進無疆之成跡。豈非絕妙之事。而無如明此理者之絕少也。

苟欲洞明此理。首宜知國家之興。亦如動物之生長。多有不相上下者。然苟無人治理。不但無從興國。而且逐代遞降。試以物論。欲水之流。祇須一端稍低。水卽率其順下之性。悠然竟去。其低更甚者。流卽更速。此不易之理也。由物以推諸人治國之道。

貴乎得人。苟能擢用賢才。而沙汰其不賢不才者。國勢卽蒸蒸日上。若所選之人。僅能畧勝於庸駑。國終不克大興。然究勝於誤用匪人者。若眞得出類拔萃之人而用之。不崇朝而大治。一如水之飛流矣。

專以國論。凡國之所以興。惟在進賢退不肖。中國之選賢也。必取學校中讀書之士。法制實超於各國。蓋人旣讀書向學。識見必較高於常人。國家用之。通國人皆沾其惠。國卽由是而興。他國之興。今多突過中國者。無他。其讀書人多求實學。國家卽利賴無窮也。

學如逆水行舟。不進卽退。者諸治國。又有甚者。達文之言曰。人必生人。人日增而法不增。必致不足於食。人皆有患貧之苦。國安得不隨而衰。夫人之生人。以傳種也。乃不知求新法。其種必澌滅殆盡。欲救之者。惟選賢以爲之長。而黜不肖而已。此不但興國之理然也。近百年來。格物之士。創獲至要之新理。以保護一切生靈爲主。因而推諸天空水底山頭。知其皆有微蟲。而其爲生靈之數。不知其億兆京垓正壤秭載也。乃其藉以爲保護者。實皆此理之所彌綸。噫嘻。可以人而不如物乎。

凡求進境者。不可無爭勝心。爭者。勝之祖也。與世無爭。未有不退者也。惟物亦然。飛禽自澤其羽毛。爭於色也。百囀於深林之內。爭於聲也。由飛禽而推諸走獸。獸有嘉德。亦有善心。皆相爭也。牡者毛色華麗。牝爲所誘。生子更美。遞爭而遞勝也。由禽獸而推諸人。人能說理。又能合衆。爭機伏焉。自古至今。凡不知教化之國。人皆畏而避之。知教化矣。其有至善之教。人更樂與來往。於是善事日增。惡事日減。藉非爭也。曷以致此。

更覽五洲歷代之史。太古時日尋干戈。多與斐洲內地生番無異。既而有首出之一人。先創章程。以爲律法。然仍簡畧而麤疏也。智者繼起。增庳培薄。遂合數千萬人而立一君。其國即由是漸興。然苟有人於此。章程愈善。武備愈精。新國更興。前國遂爲所敗。問何以敗。曰惟未善故。問何以興。曰惟較善故。

凡國之所以日進無疆者。又必於相爭相勝之道。歷經試驗。而以至善爲歸焉。然其中又有自然而然之理。宰治者初無容心也。昔者。亞述巴比倫波斯埃及希臘羅馬諸古國。類如此也。之數國之君。如波斯之古烈。希臘之愛烈珊德。羅馬之該撒。皆有囊括天下。席捲八荒之志。而不知各國興盛之眞機。卽在於相爭相勝。試觀羅馬大國。鯨吞蠶食。西方之地。皆隸版圖。其心曰今而後。莫予爭也已。然卽此無所爭之一心。衰兆遂從此始。歐洲三百年來。各國相爭。實爲相勝之吉朕。其中有英國焉。爭心尤過於他人。試觀五洲新闢之地。大半皆操英語者之所轄治。且英人每至一地。見其人之愚蠢無知也。卽設教養諸善法。於是美洲斐洲澳洲及太平洋羣島中人。皆被英國教養之澤。

然諸地之人。生齒仍不見增者。厥惟爭勝之心。不敵英人故。三十年前。美國南北大戰。原其禍始。特欲省釋黑奴數兆輩。俾爲平民耳。今美國有獲釋之黑奴。七兆餘人。國家待之。無異白人。幷予以舉官之權。然若輩仍視若無關。一切悉任白人爲政。近有白人言。莫妙於發遣若輩。各回原藉。又有久居於黑人之中者。爲言黑人雖蒙優待。不下於白人。然較之白人。實有天淵之判。特遠推至上古之世。白人亦猶是黑人也。惟其能相爭相勝也。故遂高出黑人。黑人惟其不知也。遂永無媲美白人之日。且不但白黑之判然也。同種之人。亦分類分黨以爭。故溯厥古初。族與族爭。其後國與國爭。及至目下。則所謂最上之國者。其人倘實有足以相勝之機。可自至賤之品流。一躍而至至尊之分位。則人與人爭也。若以經商作工言之。亦皆以相爭相勝爲尚。昔者。人之執一藝以成名者。類多悠游自得。今則若不各竭其力。必致墮於人後。可知爭勝之日益加緊。且昔之相爭。僅在一方及一國耳。今則廣而至於萬方萬國。而況古人有範圍不越之道。同鄉同業同宗。皆有拘忌。即皆阻人之前進。今則就執業一途而論。父不能強子。主不能強客。官不能強民。衆人皆任意獨行。相爭之機。乃益廣。

查英美等國之人。作事甚勤。東方之人。則似甚閒散也者。深維其故。始知居於寒地。即赤道迤北四十度以上者。皆矢業精於勤之意。五洲大事。遂太半歸其掌握。東方人及居於赤道下者。精力較短。遂荒於嬉。若使二種人相爭。大抵居寒地之人。必將較勝一籌。居於寒地者。英美等國是也。英美之人。雖求天下同享太平之福。而不得不留意於相爭。既爭矣。未受教化之人。必不能敵。試觀太平洋諸島。雖經英人設法教養。而生齒日見其少。惟印度及居美之黑人。生齒尚復如故。然相爭相勝之心。即生人興旺之至理。若輩仍茫然不知也。

第三章相爭相進之理

天生蒸民。有物有則。民之秉彝。好是懿德。此其所以超出於禽獸。而爲萬物之靈也。且人之所以爲人者。又各具喜羣而惡獨之一念。度必先知合衆之有益。復知專欲之無成。因而聯人成家。聯家成國。千百載後當更有聯國成一統天下之一日。斯喜羣之量交盡。而生人之理大全矣。

地球之懸於天空。團團然一物耳。乃有至靈之人以居之。實爲百思不到之奇事。顧遠溯至皇初以上。固未嘗有所謂人也。今泰西格致名家中。有創講生長變化之新學者。皆言地球第一生靈。孑孑蠉蠕。祇適有一節耳。譬諸鳥卵。或僅一黃。或但一白。絕無耳目手足之利用。亦不關骨肉血髓之類。妙合而凝。既而有二節。俄而有三節。以迄於五六十節。乃又小節變爲大節。一形化作數形。積之久焉。更變而爲各種魚。化而爲各種鳥。後於魚鳥而生者。厥又有各種獸。綜其大要。後起之物。必較勝於先生。如造塔然。更上一層。必較下層爲畧高也。千變萬化。千生萬長。至於終極。遂合千萬節而成一人。迴視向者。適有之一節。相去誠霄壤殊矣。

思之思之。抑重思之。向者適有之一節。非徒一類已也。有若干之一節類。奄然而就死。乃有若干之二節類者生。抑自三節類者生。以盡滅乎二節類者之物。由是遞死遞升。遞生遞滅。爰有百千萬節之物。而仍共趨於相爭相進之一途。試觀大海之游鱗。寥天之飛羽。與夫深山窮谷之獸族。歷代以來。非弱肉而強食。卽影鑠而聲銷。要其相爭不已之時。敗而死者。當不下恒河沙數。勝而存者。殆已可僂指計矣。然物既戰勝而生存。必較諸敗且死之物。彌多力亦彌多壽。似此至奧極妙之理。寧人苟潛心默想。當共失聲長歎曰。斯世恒河沙數之物。何必令澌滅殆盡。而彼可僂指計者。仍未能造極登峯乎。然又不敢責造物之不仁也。其迫而出於優生劣滅之一途者。窈窱糾紛。使人不可思議。姑衡以井蛙之見。大抵若操他術。亦可成此人世。上帝必將改絃易轍。以善全乎無限生靈矣。

人爲萬物之靈固也。然人類之始生。斷不能徧察地球之繁賾。洎乎層累而上。曲折而赴。今世學業。遠邁古初。遂有侈然自足者。陽托於與世無爭之美德。實則晏安鴆毒。所謂今女畫耳。不知人而無爭。必將每下愈況。故欲蘄今之勝昨。務在舍讓以趨爭。如超距然。偶一徘徊。提足者恐已先登。自顧微軀。瞠乎後矣。試專以爭言之。一則其專謀利己者也。一則其兼謀利人者也。公私之殊。不可以道里計。然而歷代之進境。不問其爲公爲私也。爭焉而已。是故上古之世。父子兄弟。聚而成族。遇事與他族戰。有衆一旅。（五百人爲旅）決勝於蝸角之閒。強凌弱。衆暴寡。爭也。既而有百里之君。成師（二千五百人爲師）而出。彼零星之族靡矣。既而有王者興。張我三軍。（萬二千五百人爲軍）鼓行而前。列國諸侯。俛首聽命。亦越於今。每一大國。養兵數兆。戰勝攻取。無往不利。諸如此類。要仍概以一爭。及爲之溯厥本原。則悉起於好羣而惡獨之一念。

羣愈盛。卽爭愈奮。爭氣愈熾。卽勝槪愈雄。是蓋有莫之致而致。不期然而然者。而猥曰。聊以固吾圉耳。無事長駕遠馭爲也。其仆也可立而待也。

且也。居今之世。爭勝負於疆埸間者。其非徒坐擁重兵之謂。詰朝相見。旗幟連雲。試按籍以句稽。兵數大畧相等。然而兵機之利鈍。明眼人從旁豫決。有無待乎兵刃既交者。是豈謂鬼神來告哉。國勢之盛衰。端在人才之消長。聖君賢相之圖治也。務使其全國之民。氣體充實。識見廣遠。德性粹美。兼能上循天理。下處人事。以此衆戰。誰能禦之。及察與之爲敵者。則竟陷溺其民。事事適與之相反。雖有十倍之衆。非交綏卽潰。直不戢自焚耳。

由是觀之。欲國之強。必先使一國中人。無一不強。斯無畏乎敵國外侮矣。乃世之祇圖安逸者。則曰。何忍以一己求勝之故。而導天下以爭。甚至爭地以戰。殺人盈野。爭城以戰。殺人盈城乎。不知戰敗而死者。大抵其才其德。較遜於戰勝而生還之人。故其死也。固可慘也。而後世之人。反因其死而受其益者。則緣繼繼繩繩。皆戰勝者之苗裔。遂化弱而強也。或又曰。時會至今日。已非古世蠻荒之比。何忍仍令各國。一爭而無不爭。則請正告之曰。所貴乎人者。以其有相爭相進之心也。此心既亡。人類卽漸歸於無何有之鄉矣。今世生存之人。卽先代爭進之人之苗裔。苟不能繩其祖武。則在家爲不肖子。在國爲無用人。夫使一國之人而盡成無用也。尚足以爲國哉。

今世之爭。恐將有更甚於古者。此非憑空揣測之詞也。試稽近代學派。有講求安民新學之一家。如德國之馬客偲。主於資本者也。美國之爵而治。主於救貧者也。美洲又有柏辣彌。主於均富者也。本廣學會前譯百年一覺之書即衍其義英國之法便。尤以能文著。皆言人隸律法之下。雖皆平等。人得操舉官之權。亦皆平等。君主之國無此權也獨至貧富之相去。竟若天淵。語語翔實。講求政學家。至今終無以難之。卽格致家最著盛名之胡恩禮。亦曰。若無善法。以救貧民。吁莫若天空現一大彗星。與地球之行同軌道。突然相撞。盡成齏粉。人不論賢愚貴賤。死無噍類之爲愈也。余嘗徧察英法諸國。凡開辦大工程之地。貧民四集。如蟻附羶。萬一機鑪盡息。閉門謝衆。瘡痍滿目。惟飢死耳。且非徒胡思禮之言也。英人有布忒者。徧查倫敦情景。終身不厭。著書八卷。實爲專門名家之業。中有言。旅人紛集倫敦。乃赤貧之民。大抵居百之三十。且倫敦爲地球第一富埠。然鉅富之家。合諸小康之戶。祇居百之十七八。可與胡說互相印證。至於美洲之爵而治栢辣彌二人。詳論其本洲之事。與胡布二人之論歐事。亦復如出一轍。此欲不爭。安得而不爭。

或曰。讓至德也。亦美名也。苟舍讓而啟爭。擾擾紛紛。民生不將大亂乎。故英人米勒。講求富國新策。獨出冠時。其書中有言。安民之學。宜使無爭。殊不思人盡安貧。世事卽江河日下也。與米勒並世而生之達文。獨闢相爭相進之妙理。其警句云。貧民亦自謂不可爭。嗚呼。非不欲爭也。其力不能奪他人之利。而其利反爲人所奪也。沈痛之語。使人淚下。

今之最可痛者。世間縱有無窮之妙法。而救貧卽以安民之理。迄無人體會入微也。且余之所謂相爭者。又有利己與利衆之爭焉。私心太重之人。專爲利己而爭。固屬有害於世道。然苟爭求利衆。而竟盡去其利己之爭。則將盡學夷齊之首陽槁餓乎。是故兩者之爭。如衡誠懸。宜使之適劑於平。不可顧此而失彼也。乃歷代善言性理之人。亦未能講明此理。惟有考求動物學者。二千三百餘年來。苦心孤詣。始知物種之先有一節。人身之具有全體。要皆彼此相爭。然後古今相進。因而推諸人事。歷歷不爽。且重言以申明之曰。人若不爭。即一代不如一代也。

第四章人世第一大事

上章言有以一人而敵衆人者。亦有合衆人而成一人者。此理既明。則知論世事之第一大題目。實在於此。而凡居此世界之人類。當共求進而益上之際。果宜恪遵何道。始能彼此不相殄滅。而世事已日異月新哉。夫能安輯人羣。兼能裨益人生者。誠人世之莫大機緘。即論世者之絕大題目也。謂余不信。試罕譬以道之。

假如有一種生靈。出自星球。而來人世。乃先踵格致學家。請作導師。冀徧睹地球重大之關繫。彼格致家者。自必導游各大國之都會。及古今諸名勝之地。而一一指示其崖畧。比經禮拜堂門外。卽使高華典麗。凌帝所而轢仙宸。格致家必傲然過之。而不一迴顧也。星球客已心竊異之。旣而旅居稍久。游蹤更廣。但見似此高華典麗之屋宇。實爲人世之弁冕。況有恒河沙數之人。出入其間。營營不已。則必將問於格致家曰。此何地也。先生曷爲而有不屑之意。幸明告我。格致家或當听爾而笑曰。此蓋上古不明眞理之時。流傳之舊俗也。或亦語之曰。此往者拜初祖之地也。或更曰。有教會中人者。競言有治理天地萬物之鬼神。人乃皆入此室而拜之。但今之智士。已不願隨波逐流。再作似此之事矣。且昔之教會中人。恒指摘格致家之謬誤。吾等視同水火。至今心未釋然也。星球客聞之。卽知格致家甚不願齒及此事。亦不再問。迨與格致家握別後。重遇他人。則皆語之曰。我人之於教法。關繫匪輕。人世各國。無教亦無以立也。星球客乃細察而深究之。始知格致家之所講。皆係一身與接爲覯之物。他事皆置不道。惟入禮拜堂者。則從耳目所能見能聞之事。推而至於不能見聞之理。之兩說者。如枘鑿之不相入也。然各執一端。斷無一誤。欲分優絀。戛戛乎難。則試再考其近狀。因知此一二百年間。雖有格致家之精詣。盛行人世。若上溯數千年之久。厥有教會中所訂之條規實與世道人心。互相維繫。格致家雖與之齟齬。然亦有一切風氣本開自禮拜堂者。輒不覺其樂於遵守也。然則教會之事。斷非如格致家見到之小事。而教會之扶翊世道。匡正人心。實超出於格致家萬萬也。星球客固善知識也。體會入微而後。又覺兩家互爭之語。實各有其相助之機。然歐洲名宿。暢論教會之理。試爲考其精警之語。亦復微有參差。甲若曰。教會知有上帝而願效其至善。乙若曰。教化遵天命而行。丙若曰。教也者。教人樂於修德也。丁若曰。教會最敬人之地位。戊若曰。是恭敬心。是畏懼心。是順從心。己若曰。人當知何以待五洲萬物。庚若曰。人之微靈。能知創造天地萬物者。有無窮無盡之靈。辛若曰。凡見有德之人。當敬之愛之慕之。壬若曰。奉造化主者之命。癸若曰。願擇斯世之至善者。竭吾才力。則而效之。故不必求有益於己也。但求有益於至善之事。且充其信心之所至。共覺萬物之外。有一眞主焉。人在艱難困苦之中。可默冀主力之相助。似此十說。備哉粲爛。而未已也。子又若曰。奉教之人。實深知天地萬物之來歷。及人在其中之本分。丑若曰。教化起於敬。深於慕。寅若曰。教會中人。共信有無始無終之上帝。在天地萬物之中。爲之主宰。其治人也。一如人世之帝王。

星球客備聞此言。乃知地球上人。有專講目前者。有推及於人目所不能見。惟人心始能見之者。然專講目所能見之人必與多講心所能見之人。互相牴牾。故格致教化兩家自古一分而不能合。且迄今不讓而必共爭。惟是既啓爭端。教化家獨擅勝場。格致家反遭敗績。歷驗不爽。純任自然。夫教化家之所以能奏凱而歸者。豈有異術哉。無亦治理歷代之人心有兼容并包者在也。

然而格致家之與教會。本非蓄掃塵滅跡之心也。惟其意若曰。目之於色也。耳之於聲也。鼻之於臭也。口之於味也。手之捫而足之蹈也。皆有跡象之可憑。教會乃叩寂而課虛。孤行而冥悟。顯樹實學之敵。不得不辭而闢之耳。夫豈知兩家所執之理。不在於實有虛無也。而在於近觀遠察。格致家所恃爲實有者。特其近觀而得者耳。教會則遠近畢賅。虛無且逈超於實有。蚍蜉撼樹。庸有濟乎。

第五章大道關繫於興世

泰西有究心動植物者。專門名家之學也。乃往往強以其理推諸世道。而謂世道與動植物學。固有區別。茍明乎此。卽通乎彼。試爲平心察之。世道之與動植物學。誠有相通之處。人皆不可不知。惟是動植諸物。或爲一節。或爲全身。自古迄今。互爭不已。人之與人。一如物之與物。相爭相進。無窮無盡。然使人各專謀利己。卽不能成世界。又或專爲人謀。而絕不顧己之有利與否。

世界亦不能持久。故利人利己二者。要貫並行不悖。而無任其有所偏勝焉。斯人道立而世道成矣。

遍考世人之心。大半求有利於己而不知兼利乎人。遞病相沿。艮堪浩歎。歷代格致家。遇事必極深研幾。以求至當乃獨有一事焉。能使含生負氣之倫。不專爲己謀而兼爲人謀者。迄未嘗體察及之。豈非格致之闕憾哉。奉天宣教者。則知有古今不變之大道。苟能深入乎人心。自不第存爲己之私心也。更當仰體造物之公心。而冀在世之人。無一不得其所。然則世事之關繫。孰有大於道者哉。小用之而小效。大用之而大效。又孰有過於道者哉。

法國有康特者。生於數十年前。博學之名。噪於遠近。曾著一書。專講人生在世五官百骸經歷之事。名曰官骸之道。而絕不講在天之上帝。亦不講一切神道。英國有西麗者。亦著一書。名曰自然之道。與康特用意正同。且格致家之設心。大半皆與二人相似。殊不知本此以立論。惟導人專爲己謀。毫不顧他人之苦樂耳。責以大害於世道。亦復何說之辭。

伊古以來。凡事之可稱爲道。而大有關繫於人心者。必其論及臨乎人上者也。不然。實不合稱之爲道。臨乎人上者之理。卽生人之絕大關繫。若世道果與動植物之理。沆瀣一氣。因而悉心推究。知其同隸於無聲無臭之眞主宰。則較諸研窮一國之事。

尤爲緊要。且較諸研窮一種人之事。更較諸研窮全地球各種人之事。亦皆莫可倫比。然而專講動植學者。又往往舍本而逐末也。甚矣其惑也。

要之。人之興衰。一以道之淺深誠僞爲衡。而林林總總之中有專謀利己之一種人。又有上體世界主眞意之一種人。此二種人者。彼此相爭。仍並育而不相害。即世道大興之絕妙機緘也。

夫教之爲用。在於約束人之私心。使人作事合乎衆意者也。若專就教會言。或論上帝。或論神道。或論治心。或論修道。其說亦極紛紜。惟借臨乎人上之眞主宰。以收斂乎人心。則教雖萬殊。訓歸一致。至論立教之源。則又有二說焉。一曰太古始有人類之時。人皆一物不知。既而漸見日月星辰。運行不亂。春夏秋冬。周流無滯。即思有掌理天地萬物之主。而道生焉。一曰鼻祖生於古初。上帝現身說法。躬自教之以大道。無奈閱時既久。漸失眞傳。但古初何以有道。尚無文字之可紀。即無端緒之可尋。竊謂。近世不乏野蠻。伏處於五洲偏僻之山林。散居於大海蒼茫之島嶼。固皆未知教化爲何物者也。乃察其土風。究其習俗。無論是何種類。莫不道及上天。信有神鬼。更知有他物焉。能爲吾儕之禍福。因而遞相警戒。漸能斂戢其私心。由是觀之。古之有道。亦即若是焉耳矣。

立國之最古者。曰埃及。曰中華。曰激利亞。曰巴沘崙。曰希臘。曰羅馬。盛名鼎鼎。各自有其教法。然其稱世界主之監察人心。實屬毫無歧異。

印度。亦古國也。釋教興其中。人罔不致敬乎佛。試問佛爲何物。則曰。臨乎人上者也。回教代興。亦復到處宣揚。令人歸順眞主。

試舍古而言今。今之泰西。名國林立。乃其人之入禮拜堂者。仍太古之遺風也。且讀其講道之書。措詞雖不能從同。然無不本其識見之界限。舉天道以傳諸人世。使人篤信謹守。所謂君子遵道而行者。其孰以加於此哉。

英國名流施本思獨曰。惜乎哉。人之講道也。夫古人混沌未鑿。偶有誤會。誠無足責。乃至眞理大明之今世。仍執上帝賞善罰惡之一言。不知賞善罰惡。本自然之公理。何必有上帝以司之。噫以若所言。何見其偏而未會其全哉。竊謂施本思之徒。旣能知賞善罰惡。爲自然之公理。倘兼知爲上帝所定。豈不更形完備。乃徒懸此偏而不全之說。信之者曾無幾輩。是施本思之爲道學家惜者。吾轉爲格致家惜矣。道學家恒言上帝賞善罰惡。幷暢論愛人救世之理。天下人皆信而服之。其有不服者。其郎施本思之流亞也夫。

設教之士。有專言以人治人之道者。衆雖洗耳以聽。而皆漠然無所動於中。苟一語及於天之治人。則人心莫不感動。故雖僞教如美之木門。亦因其能講天理之故。用能別樹一幟。又有眞教如康特諸人者。舍天理而不講。人心卽寂然不動。從可知欲使大衆之人。盡願舍己以救人。必先使其信上帝有好生之德。願舍己以救人。然後能以上帝爲模範而求有益於衆。不敢專爲己謀。夫至人皆具此公心。世道之興。尚有涯涘哉。吾蓋觀於泰西諸名國而知國之最興者。實皆緣道之大行。有心世道者。當留意於此絕妙之機緘。無徒沾沾焉究心於動植之物也。

第六章泰西教化上

泰西教化大行。多成亘古未聞之大事。故如萬國通商也。造機器以造物也。銀行也。國債也。水陸舟車通道也。立學校以教人。男女皆讀書識字也。數京金貲本之貿易。數萬人傭力之工肆也。皆新氣之所沾濡者也。雖然。奇至此矣。近代一二百年間。方興而未艾矣。而不知本原之地。有先立於一二百年前者。莫謂今人之遠勝古人也。

法國仕途中人恒言。似此新事。皆從吾國改革舊制而起。而工藝之徒則曰。近代一二百年之事。與古世絕不相干。是皆至淺極陋之說也。苟無歷古植其根。安能至今結此果。故今之新工藝。新法度。嘉果也。非新根也。或問此根植於何時。則曰羅馬古國初廢古教之時。即有救世之新教。浡然而興。囘溯羅馬古世。本自有其教法。行之日久。有名無實。奄然就廢。即使該撒志興古教。民皆視爲無足重輕。惟因惕於淫威。姑向諸神膜拜耳。於斯時也。厥有基督教。自猶太國遠傳而入。前後凡三百年間。信從日衆。該撒常懸爲厲禁。而終無濟於事。甚至殺一而增十。殺十而增百。不但該撒不能制。卽合各處之人力。亦終無能爲役。蓋基督教中人所講者。求合天心之公心也。他人但有私心。私自不能與公敵。且又博施濟衆之普心也。衆人但存偏心。偏又豈能與普敵。然當時羅馬國中。號稱明哲之士。皆不解救世教能力之所存。因言信其教者。皆愚民也。任其傳播數十年。自音沈響滅矣。於是更有著書立說。力闢而痛詆之者。噫嘻以若所爲。是任最有能力。善於變化人心之事。置其目前。而竟熟視若無覩也。其愚也可憫。其瞽也又可嗤矣。

且此教之興。非恃有絕大才人。著書以闡其理也。又非恃糾聚多人。避世以修其道也。徒以得道之人。與他人迥乎不同。既不懼帝王之禁令。更不惜一己之身家。惟知恪遵天命。虔修救世之事。宜百折而不回耳。至欲究其能力之所存。則即近世歐洲中。以博學著名之士。亦或未能確指。然卒無一人焉。不知其能之實駕於世上萬能之上也。

當中國元明之世。泰西以博學稱者。無不奉基督教爲眞宰。此非一人之誇詞也。試深究乎泰西之史學。灼知基督臨世而後。救世教獨主於歐洲。不論政治風俗經商赴工以及萬般善法。皆受教化之轄制。且相沿一千四百餘載。未嘗失墜。是故含生負氣之倫。皆知無窮之人事。必受臨乎人上者之統率。亦越於今。泰西教澤涵濡。凡新興之諸事。實皆生於當日之靈根也。乃或者曰。當日既有此靈根。何以不先結嘉果。直至千餘年後。庶事大興之日。竟盡歸其功於教化。而指爲明效大驗者。何也。噫爲此說者。抑何識見之褊淺也。天下有大事焉。收效必不在目前。且所事愈大。收效愈遲。歷代皆然。屢試不爽。曾是教化之大。而能今歲試行。明年收效哉。

泰西格致家。大半專講利己之事。語以安民治國之道。舉不足以攖其心。然究其從出之源。則亦基督教之偉烈也。歷代古人。倚仗臨於人上之權。卽知盈天地閒有無窮之能力。更有無限之妙法。又知總理天地萬物之主。秉好生之德。具普愛之仁。迄於近四百年。人遂多研究天地萬物之理。而漸得其益。且愈明其理。愈能生有益於人之法矣。

若綜基督教之大要。有二道焉。一曰。萬事必聽天命。斷不可擅自妄行。一曰。愛人如己。己得所益。必告諸人。此二事者。考諸古史。具有明徵。而即此以推。確知人世之興。又有萬不可缺之二理。其一曰。必有臨乎人上之權。以隱攝乎人心。使人不敢逆其命。其二曰。研窮性理。無人能阻。且任意求之。即任意傳之。似此明白曉暢之二理。不論東西各國。苟缺其一。世界不能長進。人與國亦無從興盛。

泰西各國善士。於遵天命以修人德之理。既皆能滔滔宣講。衆人亦入耳會心。乃至四百年前。尚有天主教皇者。不知遵天命。又不能體上帝好生之德。而惟欲使衆人之敬畏。遂擬天命於皇言。衆人心大不服。皆謂天命爲先。人言爲後。修德爲本。守律爲末。而歐洲北境。即別設復元一會。力矯教皇附會聖教。自便私圖之失。是亦於泰西教化中。顯其大用大效之一端也。

更溯基督教初行於羅馬之時。羅馬聲名鼎盛。而與其四周之各國。專以窮兵黷武爲雄。乃基督教徒既至。自戰不持寸鐵。竟歷敗善於用兵之國。使之盡歸天國。於以兵氣盡銷。而化爲學校中之善氣。及至近百年來。泰西又盛稱兵事。然決非泰西教化中本有之義也。此種囂陵之習尚。大半起於法前皇拿坡倫之貪權。基督教徒憂之深矣。

再考中古之世。希臘羅馬諸國。以崇拜多神爲設教之法。而不知有臨乎人上者。全權全能。更全乎其好生之德也。乃又不知教人以自主。故二國中遂有無數之庸奴。更不許各人自以其意。究心新法。民氣益委靡不振。或謂希臘創行民主之政。今歐洲各國。尚復被其遺澤也。似也。然希臘之民主實大異於今世。推原其故。無非教術之乖。遂不獲臻郅隆之治也。

又如印度國者。相沿喀私德之古規。祖父曾操何業。子孫斷不許改。外人若與之交。任民刼掠無禁。且人盡勒充卒伍。專圖利己。不顧害人。風俗如此。豈能久安而無事。至其在朝之官吏。多藉祖父之餘蔭。白戸萬難倖致。故其國之人。不知公心爲何物。羅馬興於歐洲。以富家奴婢之成羣。列於政典。故全國之人。得以自主者。僅得其半。且自主之人。亦惟知黷武窮兵。不知道德爲何物。私心默計。但冀殘毀人國。徵其賦稅。以裕生計。其入市而貿易者。盡奴才也。國中之大小工程。亦惟奴輩任之。世家富室之人。與夫軍中之將弁。皆賤視工商諸藝。萬萬不屑染指。下此之平民。則萬事皆聽官命。死生禍福。皆不自由。無一人敢謂我實自主也。似此大弊。皆起於好戰之一心。遲之日久。國中祇有官權。故一半之奴無論矣。其半雖曰非奴。而悉聽在上者之指揮。亦與奴才無異。流極既衰。富者日富。貧者至苦難言喻。若統其全國而言。雖大有權。實大無道。於民無益。於事有害。明眼人從旁默察。惟願茫茫塵世。不再有此景象耳。

有人推論及此。因以二事相質。一曰。目下泰西之教化。何以異於羅馬之古教。二曰。泰西之今教。既異於羅馬之古教。試問遞相改變者。在於何事。則請正告之曰。泰西今教。與羅馬適相反。羅馬古教。競蓄多奴。泰西今教。不但知民皆平等。務欲釋奴自主已也。釋其身者。更釋其心。國中政教之所措施。風俗之所好尚。任民各出己見。擇善而從。且非偶然之事也。歷數百年。未之遷改。

試考各國今定之律法。而知民權之益大矣。四百年前。泰西盡釋諸奴。官權亦漸貶抑。田主財主之權。相隨銳減。溯其階級。先有中等之商人。興於國中。漸削世家上等之權。繼有下等之農工等人。興於郊外。又漸減中人以上之權。故泰西之新律。悉為平民而定。似此優待。實為古來之創局。

且其權之均於衆者。不第定律之優待已也。小民得操舉官之權。亦與上中諸等人。無分軒輊。似此新律。雖奪上等之權力。以均分於平民。然又非使之無爭也。而實使之互爭。且更甚於昔日之爭。譬諸互較超距之藝。昔者祇限若干人。得入廣場耳。今則無論何人。皆許入場以角藝。此非導以爭端之尤乎。藉曰使之無爭。是使之不進也。曾是泰西教化。而若此乎。古世之充奴僕者。國家卽使大興。依然婢滕奴顏。毫無望於子孫之富貴。卽至今世。凡守喀私德陋規如印度者。賤民亦不得沾與國之利。祖父身充賤役。子孫惟仍執賤工耳。要之。斷斷於分等者。無論闤闠之商人。庠序之士子。廊廟之官員。大都因陋就簡。國卽緣之而坐困。斷難望其振興。泰西諸國知之。去其阻興之大壩。國勢蒸蒸日上。試稽西史。一目了然。由是以推。凡代人開路通商。或任人自興新法。皆興世之樞機也。

第七章泰西教化下

泰西教化之隆。釋奴而任其自主。一也。人得自以其意經營商業。國家概不阻撓。二也。明人共操舉官之權。官不得以私意相鈐束。三也。風俗卽久相沿襲。而凡有益於人之事。不妨除舊更新。四也。似此舉舉數大端。豈竟緣人民學問日深。而馴致於高明之域哉。推原本始。實起道心。此道心者。爲貴賤之所同具。既共知舊染汙俗。不合大道。卽如芒刺在背。逐漸改正。然後卽安。

且夫泰西之道。何自昉乎。曰有二源焉。一爲羅馬盛時之救世古教。當中國漢代以還。徧行於歐洲四境。歷一千數百年之久。而當中國明代。救世今教興焉。遂改舊法而爲新法。考救世古教。華人稱爲天主教。而稱今教爲耶穌教。學識較淺之士。觀此二教。以爲適相反也。而不知其同具奉天救世之心。所異者。惟在前後古今之風會耳。

當古教之初創也。凡能通泰西史學者。皆知其救世之大旨。惟以愛人爲主。又知當時諸國之人。皆分入主出奴爲兩類。主人之待奴僕。直與禽獸無殊。救世教中人則曰。此非天意也。天之生人。豈分主僕。冥漠降監。不異弟於兄。是善氣凝薰。孚於遐邇。顧當時之官吏。仍不能保護而襄助之者。則何也。闡諸輿論。皆以爲皇帝之法律。卽本於上天之命令。乃救世教專講人理。不講王法。彼眼光如豆者。不知講理之有益於我也。祇覺皇帝所定。祖宗所傳。業皆由於天命。此種人出而講理。必將損及我等驟而觀之。莫不歎先民之愚蠢。實則當日之民。其識見之所及。

與夫相傳之教法。不過爾爾也。且當日之官吏。祇知自保其國。乃教中人欲去其爲己之心。易而爲救人之心。更推而廣之。以自保一族之心。易而爲同保一國之心。甚且推至各國。推至他洲。而人心遂與天心相合。然返諸羅馬各處之舊教。則大不相同矣。故民皆羣起而攻之。官亦不得不袒民而逐之。

遲之既久。人漸知救世古教之益。且有謂世間不論何教。皆不能及者。教士又宣講其理曰。人之生也。住世百年。特小事耳。百年之後。千年萬年之事。大莫與京。又曰事奉一國之主。僅小節耳。敬信萬國之主。大無與比。職此之故。卽有避世潛修之士。更有著書勸人講學療疾等事。其救苦救難者。法天也。其救貧救弱者。亦法天也。迴念救主耶穌在世之日。救苦救難救貧救弱。顯爲我輩之模楷。於是帝王之尊。卿相之貴。石崇猗頓之富。往往捐棄財產。收養貧民。冀上合乎天心。而卽下安乎一己之心。又念救主耶穌有言。善待貧人。卽如善待己身。故甚至有願爲貧民洗足。以效法救主者。此誠爲人謀之登峯造極矣。

中國明代。救世今教出。更不肯營私以利己。且救世古教。昔祇自行其善耳。至此。則更欲闡明妙緒。使衆人悉爲人謀。故改定國律。固期有益於衆也。其移風易俗也。亦然。與救世古教初非歧而二之。實則愈推而愈遠。收效乃倍見其宏也。

或曰。教士自詡行仁。而專以救貧爲主。不知貧民皆無能之輩。

好仁而不知義。非徒無益。且反以害之也。噫以若所言。誠淺之乎測救世教矣。救世教救人之心。非但救一二苦人已也。遇事皆思捨己救人。跡其好善之量。直可優於天下。故古時羅馬國中。亦不乏心存救濟之士。但大半專顧本國。不暇顧他國。豈暇顧他洲。若至近世各國。仍各自顧其國人。恐不轉瞬閒天下必有紛爭之禍。於是有修明武備。思以一戰強其國者。卽有同心禦侮。究心於無益人世之事者。幸有救世今教。設法以救衆人。而俾各國皆有機會。以成有益於人之事。仁心之溥如此。開闢至今。莫與倫比。且又不但仁心之溥而已也。古往今來。更無有似此明效大驗者。

惜哉。施本思之講道學。不能洞晰其理也。故其言曰。近來泰西之教化。有二事焉。使各人皆有平等之權。以盡得各種之利。一也。設法使眾人公利。不使一人或一種人專利。二也。似此二事。非相反乎。噫施本思殆未明二者之理耳。試觀英美二國。每歲所行之善事。絕後空前。但就倫敦一地而言。歲集英金五兆鎊。充博施濟眾之用。外此又有無數善會。且每月必出新會以匡不逮。至於他國。亦復如是。平權公利。直並行而不相悖矣。更考爲人謀之善心。先由釋奴一事。發見昭著。既而英人聞他國之民有備受苦楚者。往往代設解免之法。且也泰西各報館主筆之士。見人如在倒懸。恆作論說。大聲疾呼。勸人解救。又如大荒之年。意外之災。害人之惡俗。亦必操觚紀述。此非爲己也。爲人也。且不但待人也。更推仁心以及物。試問似此諸事。若非道心之醞釀。人卽具有學問。豈肯漫相干豫哉。

古之希臘。歐洲之望國也。乃家庭之間。仰事俯畜。多以苛酷爲主。遠遜今人之仁愛。卽亦無新法以興其國。今泰西之仁心日深月盛。遇事生新法以救人。有心問俗者。嘗問仁心之大用在於何處。凡以此爲問者。必須憶及羅馬當初之貧民。蒙省釋而免於奴隸也。當其爲奴也。衣食皆仰給於主人。既蒙省釋。得自爲主。必求自爲養。不得不與同釋之人爭。既爭矣。又必竭力以冀其勝。是釋奴一事。實使人不再禽處獸居。而使人自主。自創新法。自得其益者也。此非因有學問深沈之人。代之想度。亦非因有權力出衆之官。財產富豪之主。欲設法以救諸奴也。實皆因有人傳授天道。講論良心。而明乎捨己救人之事也。故澈上澈下以觀各種之人。讀史者應知救世教中之士。實爲變法變俗之人。而使人各自得其應得之利益者也。

救世教初傳至歐洲時。爲奴之人。直居其半。積之既久。歐洲南北各國之奴。盡行開釋。此皆因教士講道之時。常言人爲萬物之靈。決非禽獸可比。又言人生不論何等地位。或官宦富厚之家。或奴僕貧苦之輩。畢竟毫無歧異。人既同此族類。上帝必視爲眞兒女。世人宜視爲眞弟兄。乃世俗謂爲大有區別者。皆因王法與國俗之不善也。傳道之人。皆作如此語。然當時之有學問有權勢者。皆覺主僕之分。爲天生自然之道。永不肯設法以施救。更有謂旣救若輩。孰爲我役使者。一片私心。令人失笑。卽如近數十年閒。美國未釋奴僕以前。無論官吏士子。嘗言黑奴者。上帝命爲白人傭力者也。故凡欲救之者。非官而非士也。傳道之人也。傳道人云。上天有普救世人之心。故雖觀其同儕。大有區別。而上天視之。實爲平等者也。若使一等人歷代受苦。一等人歷代享福。必非天意。又云。人若盡得天下之財寶。而失其靈魂。究竟有何裨益。故上帝非觀人外貌也。亦非觀人有何功名。有何財勢。有何學問也。但觀人心之善否。以定等差。凡有善心者。皆上等之人也。無善心者。皆下等之人也。似此講論。關繫實無窮無盡。道既徧傳於各國各地。然後爲官者亦漸丕變其心。而非數世家代膺顯職也。凡有地若干頃畝者。得操舉官之權。又閱歲時。讀書人及常人之能識字者。雖無地畝。亦得舉官。而未已也。又使各人如經商等事。得以自便。不必稟命於上。諸如此類。藉非有救世教之傳入。曷以臻此。

百年前。法國大變之時。多謂拿坡倫與當時之人。創興大事。殊不知苟無人焉。先傳道於歐洲。即使拿坡倫素具幹才。與其當時之人。萬不能成就大事也。故有多人。願從拿坡倫以捨其命者。試問其故。則曰。我國受苦太深。實不能忍。他國亦同此苦。亦不忍受也。似此之心。皆從傳道人宣講慈心而起。故人皆言。此非天意也。執政者治國之不善也。甚至執政之人。亦自覺民言之有理。故行事似無力者然。若輩既知其誤。即願改而正之。且也。是時之官吏。所讀書籍。又異於前。故當其年少之時。既讀新學諸書。不但知本國列代治國之法也。更知各國歷代之治法。不但知歐洲之書也。更知亞洲之書。故中華印度之經史子諸書。亦盡究心焉。若輩既明新學。適遇民閒之欲改舊政。即亦不甚阻撓。蓋其心亦以爲分所當然也。且既變矣。即速甚矣。舊日之法。一掃而空矣。

西國叛逆之事。歷代在所不免。惟此次法國之變。較諸從前之變。大不相同。當時之氣勢。亦與前迥異。試觀英國及他國。昔有多人樂就武職。及至是時。各武員改講貿易。改尋工藝。改創新機。其所用心而盡力者。大非黷武窮兵之比。而且古之奴。亦變爲今之貧民矣。

英國改變政事。垂數百年。每變一次。必多讓官權以爲民權。上溯成法。甯有是哉。歷代遇有大亂。削平之後。官權或因之加重。惟在英國。則反讓權於民。然非因治國之人不知政事也。亦非因英民之讀書識字。今勝於古也。實因有教民識字者。馴至於今。幷令人人皆識字。此皆起於慈心。憐人無識見。卽無能力也。且知並非天之使人無知無能也。似此之心。亦從救世教而起。

然後報館遞相講論。使一國之人。皆以爲不謬。然又非緣私心而起也。仍起於慈愛之心。又因共覺衆人皆上帝之子女。不可茫無知識也。

憑權藉勢之人。改定律法。乃能讓權於民。此爲亘古來罕見之事。其在歐洲也。久有人傳愛人救人之道。不可倚勢以壓平民。服官者既知此道。不俟百姓之求。早自願分權以給之矣。此皆因所傳之道。講天下皆兄弟。凡存道心者。俱常存救人之心也。

近代歐洲工匠。多結黨以求增工價。此非因到處有學堂。人人識字也。亦非工人之識見。大於前也。又非因各報館之論此事也。且非因工作廠之日多。而國有鐵路。遠近人易於來往也。實皆因有人講道之故。且曰。上下貧富皆一家人。不可使有天壤之別也。故凡停工之人。先述其意。分刊各報者。因知上下之人。皆有愛心。而冀垂憐也。不然。何益之有哉。

國家之行政也。亦然。各國皆分新舊兩黨。而一以道爲歸。不然。即其同黨之人。亦不肯服。何論敵黨哉。乃彼存私心者。則曰。大權既在我手。我用之以利我也。究竟此權之能力較小。不如遵天命而溥善心於衆人者。力較大也。

總之。爲己之私心。不如體天爲人之公心也。若歐洲執權之人。但皆專爲己謀。此即如古世未受教化之希臘羅馬諸國。專以權勢逼人矣。是故世俗之學。有歷代之長進。非專恃人之識見

學問也。特人之有道心。一也。道心從教法而生。二也。人既知爲平等。彼此鼓勵。益復前進。三也

泰西教化之盛。開人智識。廣人見聞。肇興於四五百年前。惟以天道新民耳。若論天主古教與耶穌今教之別。不過有先後。有淺深耳。乃施本思誤謂救人之心。今勝於古者。皆因人習慣自然之故。德人韋師滿言。施本思講此理。與動植之學相反。必非正理。實則學而無道。祇使人私心日熾。而忘衆人。若欲以善及人。必於學問之外。培養道心。故凡私心勝者。不惜害人以利己。而道心勝者。則願捨己以救人。此非從人心生也。生於天心也。假如施本思所言。人所學者何事。其能歷代相傳於後。如上代

有好祖宗。則子孫必無劣品乎。又按韋師滿言。人所學者。不必能傳於後人。惟求精進於前人。則其所學者。必超出於平等之人。不然。則一代劣於一代矣。

第八章今世養民策

欲論養民之理。請再思上章所論之事。夫所謂動植諸物者。或經播種。或係孳生。同一土也。同一氣也。弱者必滅。強者必存。此萬古不易之常道也。舍物而論人。試稽史乘之所流傳。亦復同此理境。故凡爭先者強。爭新者亦強。強必勝。弱必敗。強民之道。則有力大於身之二事焉。一曰。聰明才智。大半專爲己謀。一曰。道德仁義。兼願代爲人謀。歷代名邦。必皆有此二者。若使祇存其一。則如鳶欲戾天。忽少一翅。何以能飛。又使二者俱全。國即浡然而興。且才智愈大。道義益宏。國家亦必愈興。此古今東西不易之大道也。

今世各國之人。互相講論之第一大題目。厥惟養民。欲明養民之法。不能專恃法國之法也。昔者。法國人盛講民權之理。爰推而及諸養民。於法固無不合也。既而忽復君權。置民瘼於度外。且亦不可恃德國之法也。德國讀書種子。雖多論及此題。乃國家不許照行。空言何補。而又不可專恃美國。美國新國也。所得之地。大莫與京。地廣而遂覺民稀。即無善法以彌綸。民亦尚堪餬口。善講養民者。其惟英國乎。英國富家。多醵重金以立公司。

從而工作以謀生者。亦復人多於蟻。即不得不亟立善章。以蘇民困。是以一百五十年來。求新之士。設爲新法。有益於養民者。既多且善。綜其大要。如任民操舉官之權也。如任大小商人。自治其事。官不敢加以阻撓也。如各城鎮修路派捕點燈通水藏書行車等事。官不與聞。惟由民公舉就地之賢者。以利益本地之人也。又如爲官吏者。得功名者。非屬皇家。非屬世家。而惟賴其人之才智。以躋於顯貴之職也。且其使民間有舉官之權也。又使男女無不識字。俾明其理。以行其權。是皆求新之明效也。原求新者之本意。視民平等。俾人人出其才力。即皆有上進之路。而不任世家大族。私鑄橫財。故官商士庶農工。各自有其平等之權。官吏祇能保護其民。不受他人之害。而不能以官法之如爐。妄有所鍛鍊。凡英人講富國策者。多主此說。卽在他國。亦皆以英之善法爲宗。然而似此諸法。非偶然湊泊而成也。先讓舉官之權於數萬人。皆田連阡陌者也。甫越數年。增至數億人田不必過多矣。今則人各有其權。前後相去。僅百年耳。此皆起於爲官者之一片善心。不忍見人之疾苦顚連。始克造此地位也。

然今尚萬方多難。有爲從前所未及知者。國家旣任人不論貧富自立章程矣。乃爲時不久。卽知有一等鉅富之家。設立工作諸廠。其僱工時。特志在招攬多人耳。迨人集日多。工價自卽日滅。於是每日所得之傭值。甚至不敷衣食。亦無奈甘心俯就。噫操是術也以往。是一國之權勢。不在官吏。而轉在釀金設立公司之富室矣。況乎積日累月。卽有天良盡喪。不顧民之受無量苦者。更就名城鉅鎭。立一大局。將民閒所有之糧食。盡行囤積以居奇。旣又囤積金銀等類。獨操龍斷之術。更或施諸日用之煤油。先向出油處所。全行包攬。遂成諺所謂獨行生意也者。其他一切用物。亦復如是。先爲一城一鎭之獨行。後爲一國之獨行。遲之又久。竟爲全洲全地之獨行。價值任情操縱。忽貴忽賤。惟利是視。萬民乃莫不受害矣。

民衆遭富室之誑。物價旣日貴矣。工價又從而日賤。貧民不得不求一綫之生路。立工匠會以勒加工價。不料若輩正在創議之際。富室即下令閉門。先停工作。若輩無所得食。其苦更不堪言喻。

富國之舊法。既不可行。乃創爲新法者。又有害於民生。於是一國之人。無分貴賤。皆謂工匠同是人也。豈可聽富室任其私意。威福由己。國家乃爲之代立工章。稚子則不許入廠也。入廠工作之人。日僅八點鐘也。工價之極廉者。以某數爲限也。皆所以子惠困窮也。國家又別立一法。多教貧民以識字。而使貧者可不終於貧。不但此也。國家更定新律。預杜富室苛待貧民之弊。所惜求新之官。至今仍無有甚著名望者。能爲之振臂一呼。廣設養民之法耳。工匠會知其然也。乃共私訂嚴律。求國家俯准照行。俾貧民免受大害。

回溯昔年求新諸官。創定新法。任人各自盡其心力。官不加以阻止。今既知此法既行。實歸其權於富室。貧民雖明有舉官之權。實則依然受苦。於是有別求善法者。顧瞬息閒未有當也。德國講求養民學者。有名人焉。一曰馬克思。一曰恩格思。又有美國人伯拉米者。即著百年一覺奇書者也。（廣學會曾譯其書）若輩立言大旨。非欲助世人更得新法。高於歷代之法也。亦非借民力以教民新法也。惟欲除貧富相爭之法。此法果除。覺百姓自無苦難。自然福祉日臻。堅強獨立。人人之聞其言者。大半覺相爭之法。實爲民禍之原。若輩所言。無可駁辨。但養民學家。又深知徧地球一千五百兆人。每歲以生抵死。百人中必多一人。假如今年出一法。可以均財。人人皆可度日。但仍任人孳生如故。明年必又增一千五百萬人。此輩衣食何來。不將又肇爭端乎。抑將重設妙法以養之乎。故伯拉米所稱太平之法者。恐反致年年不得太平也。則奈何。或曰。古有一二國。設爲不使人孳生日廣之法。俾歷代人數適相等。既相等。卽無比賽。既無比賽。卽不必思新法以求進境。然試問似此不振國勢能免於墮落乎。且環視各國。依然相賽而相先也。又奈何若夫爭進之理。前數章業已備述。不必再贅。但有人謂。似此立論。依然空言無補也。人生在世。五洲種類雖異。而斷無不思比賽之人。越在今世。歷代增人日多。不得不創伊古未有之法。且養民學家所講。非爲後世之人計也。大半專爲當境之艱難。以求解免。要知當今第一要事。卽在民間之傭值。按其所應得者。或不過得半而止。其半盡爲釀金設立公司之富室。日漸侵蝕。以充成本。積之既久。竟成億兆京垓之鉅欵。甚至富於帝王歲入之絫。貧民則爲其剝削。所得之値。或至不敷餬口。其或患病。或遇他艱。囊無餘資。安能存活。若求富室佽助。則謂其人既不爲我作工。豈能空予以錢。於是貧富相仇。幾成不解。此爲近代各國第一難處之事。迄尙未有善法以處之也。

小販受總行之呑噬。不止一業已也。各業皆然。彼釀金之大公司。辦事各有次序。大有規模。直如名將之練兵。行列森然。無懈可擊。故其爲首之人。必日以富。而貧民則必日以貧。但既有諸富室。練習萬般工藝。貧民至困極之時。即借其向所練習之者。以反制乎富人。使之不得不按公道以分財。恩格思有言。貧民聯合以制富人。是人之能自別於禽獸。而不任人簸弄也。且從今以後。使富家不得不以人類待之也。民之貧者。富家不得再制其死命也。此言也。講目下之情形。實屬不刊之名論。

人世本有大病。急宜設法以除之。除之之法。惟在拯濟貧民耳。

特是貧富相爭之事。本非創見。亘古以來。各國皆同。所異者。相爭之法耳。今世之貧富相爭。或謂。到此時會。萬國相通。在所不免。或謂。此非出於自然也。屬有奸商壟斷其間。不顧人之疾苦。以致於此。但似此之爭。無論其何因而起。必有一法。可以挽捄。昔人議論及此。大半祇目爲貧富之相爭。而忘卻世人歷代之講道德。凡講道德者。則曰。人不論貧富。皆上帝之子女。上帝不觀其貧富。而觀其善惡也。久而久之。人皆不以財勢爲主。而以德行爲主。凡各工人。既各有舉官之權。將來必舉有德之人。服官以改律。苟使人不恃乎大道。而但各出其私心。以相爭競。則使有權者之私心。與無權者之私心。彼此相仇。而仍有權者必勝。與歷代無異也。但近代著書作報之士。治國辦公之人。無有敢明言我恃私心者。此皆因今世之人。不論貴賤。皆衆口一詞曰。必救苦難。此可見天道之散布於人心矣。

千年以前。歐洲競脩武備。迨天道徧傳於各國。用兵殺人之心少。讀書救人之心多。卽至百年以前。雖有拿坡倫起而練兵。傳至於今。歐洲各國。寖成風會。練兵仍不見少。但原其練兵之心。不在殺人以利己也。在於防人之效法拿坡倫以害己也。若驗民心。至今實願敦崇睦誼。其用兵也。出於無奈也。萬國萬民旣皆有弭兵之心。善士創立之弭兵會。必可期其有成矣。

若細察養民之本始。厥有不可忘之二事焉。一曰。養民之法。今善於昔。二曰。似此善法。皆因比賽而生。

欲知第一事。先考數千年前之古史。當時各國之君若民。每欲佔取他人之地。搶掠異族之牲畜財帛兵連禍結。類皆緣之而起。又考歐洲一千年前之新史。當時之小民。大都貧迫無聊。於是世家大族。得任意以使令之。故貧民皆奴隸也。有王者興。立法亦不甚善。貧民仍受其暴虐。獨至今世。英法兩國之貧民。絕勝於百年而上。英有救民之人氏曰吉芬。創立一表。開列五十年前貧民所得之工價。迤邐以至今日。但見工價則歲有所增。而物價則歲有所減。於是工人蓄積之財。存諸小銀行者。日見其富。其居處亦日潔而日精。逐日操勞時刻。與夫操勞之苦。又日少而日輕。其識字也。則日多。其工暇而尋樂也。又日覺其去惡而從善。甚至服官政者。更謂。赤貧之人。亦可拯救。廻念貧民先世備嘗之苦況。今將悉遁諸無何有之鄉。藉非善機洋溢。曷以臻此。至於法國昔年。以荒歉爲常事。今則久未有聞。昔者法民食皆麤糲。衣皆敝垢。所居皆湫隘。至今則有勝於前五倍者。更有勝於前十倍者。

更者今之英國。見富室之得財太易。而貧民仍太多也。因欲設法以均財。均財之法。非取富室之財。以予貧民也。假如一人身死。遺留五百鎊之產業。國家百取其一。有一千鎊者。百取其二。有一萬鎊者。百取其三。有二萬五千鎊者。百取其四。有五萬鎊者。百取四五。有七萬五千鎊者。百取五。有一億鎊者。百取五五。

有一億五萬鎊者。百取六有二億五萬鎊者。百取六五。有五億鎊者。百取七有一兆鎊者。百取七五。有一兆鎊以上者。百取八。國家歲有此欵。不必多取諸貧民。則財不均而自均矣。又以法國言。法國全境。約如中國兩省之廣袤。而其民可歲入英金一萬鎊者。約七八百人。歲入二千鎊者。約一二萬人。西歷一千八百六十九年。迄於八十一年。前後凡十二年閒。國債則陡增一倍。但其富家集貲以貸於國者。則增四倍。其願購國債券者。亦復歲有所增。巴黎都城中國債券。以一股爲一紙者。約居其半。至於民閒之居室。共有八兆三億五萬餘座。其中五兆四億六萬座。皆己産也。較之賃廡以居者。實占百分之六十五。此皆法人先貧窶而後饒裕之實證也。而即此可見泰西濟貧之法。雖未十分美備。然較之昔年。則已深入佳境。所謂養民之善於昔者。此也。

若論比較而生之第二事。試觀泰西諸國。設爲減官權以增民權之法。民間幾有求必得而無扞格之憂。然求益者日見其多。比較之事。必因之而愈盛。此不僅一二國然也。英美爲最與之國。亦復如之。民愈有自主之權。斯愈慊其比較之理。回溯昔年。歐洲俗尚。皆重武而輕文。王政既行。昔之以多畜奴僕爲富者。一旦釋令自主。昔多巨室。歷代食其采地之祿。儼若諸侯。沿及孫曾。附近貧民。多聽號令。甚至農工商賈。亦皆受其指麾。迨至教化大行。人漸知自主之重。居鄰巨室者。皆得無拘無束。且昔當舉官之年。操舉官之權者。卽此富室也。終窶且貧之子。絲毫不得與聞。今則幾盡人而操舉官之權。而因各自有其權。每作一事。彼此常相比較。逆料後世衆人。不但隸王法之下。而爲平等之人。更得舉官而有平等之權已也。凡事須得平等之機會。又不但宦家富室。及讀書士子。各占利便已也。人各有其機會。以規利便。故所趨之途雖異。而利便則同。似此大同之景象。今共神遊目想。未知何日可償虛願。然職是之故。而知泰西今日措置諸事。尚屬權宜之計耳。試申論之

泰西數百年前。欲民得伸自主之權也。乃先分以舉官之權。其

始。一國中得舉官者。僅數百人。後乃增至數萬人。今則幾盡人而有之。是已得民皆平等之道矣。後此之所宜辨論者。則在求貧富之平等。今之富室。田連阡陌。貧人無立錐之地。富室金銀山積。貧人半菽不飽。特初非富室之有心龍斷也。昔年之大權。操於宦家。寄於富室。今則官權已削。富家又不得畜奴如牲畜。王法亦屬平等。獨至無窮之財利。仍存世祿之家。欲求得一平等之機會。實屬戛戛其難。爰有政學家起。衆口一詞云。欲使今人勝於古人。祇有比較之一法。不然。人皆習於懶惰。自墮於貧苦窟中耳。然不可如目下之比較。但見貧富之差。幾如天壤也。又不可貧富之適均。宜使有財者之處境。仍畧勝於平人。則人仍率其昔年比較之常。彼此競求進境。卽藉以爲鼓勵人才之道。不然。則人將自以爲知足。盡舍新法而不求。譬之於水。畧有欹側。自然流通。所謂流水不腐也。若平甚而水不流。天下尙有生氣乎。然如今日之富室。恃其財力。專務奢華。不顧人之疾苦。使人何以堪之。此泰西政學家目下所論之情形也。

由是觀之。知其舊氣之猶未盡滌。而平等之機會尙未有望也。試思今之發大財。執大權者。非富室乎。舉一切之人所宜求者。非盡出富家之手乎。一國之中。富家之外。無人能得大學問。亦無人能交結名流。以增其大識見。是誠大不平之事也。故泰西各國政府。往往設法以減富人之權。而增貧民之權。藉免目下大不平等之景況。更欲定一新律。俾工人每日作工時刻。以八點鐘爲限。亦皆原本於此心。其行政也。又欲使富家納重稅。貧民如不知有賦稅然者。亦維此故。又緣世家大族。昔之共恃豪強也。今欲改其制度。亦緣此故。更有初年之書院。本屬爲民而設。不甚令多糜脩脯。乃遲之日久。各種有名大書院。盡歸富家之執掌。富家子弟。即盡人肄業其中。貧民無從顧問。此又富家大不平等之根源也。今欲改之。直可云。大書院中讀書人。如昔年之財主。不獲入院者。則如昔年之奴隸。此非因人類之分貴賤也。人心有明昧之分。國家亟宜改之。更查泰西近百年來。凡富家子弟之讀書者。常阻遏養民各新法。俟至他年。新法既成。

則當天良發現之時。不得不稱爲善事。實則求新以養民之人。大半非席豐履厚之世家也。出於中等之人。及平民之力也。亦非若輩之高出於富家也。若輩多具體天心。講天道。捨己救人之心。不忍民受萬般之苦。而必欲求新法以養之也。異日者。欲使萬民盡得平等之機會。國家必別改制度。不可再學富國之淺法。彼淺法者。任富人之簸弄貧民。如貶損工價。抑勒工時。促隘工人之居處。漠視工人之老病。國家全不顧問。嗚呼。於保富之道。則得矣。其若濟貧之無術何。

欲改制度以養民。必先使民有平等之機會。若就目下而言。國家必須多掌各項工程。又必設立新章。以免貧民之受害。但國家又不可自立工廠也。自立工廠。卽絕民間比較之理。此理既絕。仍害於民。若能別立善章。無害於民。而有益於工。則將來仍由富室多設工廠。仍使人互存比較之心。夫比較之心。卽斯民獲益之源也。但富室之立工廠。大半專求己利。非爲人謀。故國家必設法以新民。務使上中下三等之人。不以利心爲重。而皆知仰體天心。俾衆人悉受其益。然若無善講天道之人。國家無論設何等法。皆不能有益於民。民既損矣。國其能有益乎。

總而言之。天下有二理。斷不可忘。此二理者。外觀似相尅也。而實則相生。故必使人有益而無損。一也。必使衆人盡有益而無損。二也。其第一端之理。雖爲至要。但不能爲一人受益之故。而任其有損於衆人。

凡專爲一己謀者。不問其學問之如何深廣。從未有無害於人者。故必有人焉。講求天道。以期有益於衆。蓋凡善學天心者。必其有益於衆。兼有益於己者也。泰西既遍地有禮拜堂。每閱七日。必有善士在堂。宣講天道。以訓衆人。使人皆知捨己以救人。或疑善士將以愛衆之心。滅愛己之心也。但樂道諸人中。往往所行之善事。雖曰大於衆人。而仍躬爲名宦。一國之人。盡樂輸將。以供其用。又或親操商業。其業轉盛於他人。可知利己利人之二事。非相尅而實相生也。

天道如春氣然。凡有益於人之事。皆可發榮滋長。人若不肯與善講天道之士游。則如中寒氣。雖唐花或供養於盆中。而不能使芳滕之自然生長也。且不體天道之人。但顧一身目前之事。而不顧後代之益。倘使盡人如此。則必道心泯沒。不問天心何若。而近代諸國之結局。必如古時之羅馬矣。古羅馬之末造。執政諸人。祇顧一身目前之歡樂。國勢遂分裂而不可收拾。我等生當晚近。而尚學其存心。天必將我國我權。改交道德純備之人。凡曾讀西史者。皆知其禍之顯而有徵也。嗚呼可不懼哉。

第九章教化本於道心非出於學術

昔日之民。拜神誦經。遞相傳習。目爲教化。誠不免遁入虛無迨至近百年中。人爭講求實學。凡以格物名家者。共謂敬天之虛願。今宜較淡於昔年。噫爲此言者。抑何其不思之甚哉。夫學術。末也。道心本也。苟崇學術而失道心。遂胥以學術爲教化。泰西諸國。今雖隆盛。恐僅如優曇鉢華之一現。時會既過。芳菲銷歇。尋春之士女。感慨係之矣。試稽各國史乘。當教化大行之際。人皆以道德爲首務。國勢即隨之而日興。今亦猶是國也。猶是人也。欲躋世界於郅隆。而不務諸本原之地。猥曰。格物徵諸實遠勝敬天之索諸虛也。吾爲世界懼矣。

歷溯各國往事。若者最重道德。而能於利己之外。兼謀利人者。國中基址既固。萬事即如堂構之一新。更橫覽當今之世。所謂最盛之國者。一在於有潛心修道之人。遇事期溥公利。一在於有論道之書。精益求精。迥超舊典。凡此古今之明證。非一二人之私言也。及衡以格致家言。卽知其歷講教化興衰之理。舉不免失之毫釐。繆以千里矣。

人之獨具靈才者。不必其兼具道心者也。且靈才之與道心。又截然其各不相謀也。然不啓其道心。而專恃靈才以逞辨。則侈口而陳道德。抗顏而述教化。未嘗涉其藩衛。豈能窺其室家。彼徒見一二千年前。傳教之徒。講道之士。嘵嘵廣座。僕僕通衢。或不免失之惷愚者。遂執以概今人。而欲今世之學人。盡以愚人目教士。殊不知以學術論。昔但知其麤跡。今始得其精詣。惟道心也亦然。歷代以來。通變化裁。易麤疏而進以精純。迥非昔年之比矣。且彼之獨具靈才者。固嘗孰讀古書者也。古人有道無道。互相角逐。有道之人。必操勝劵。書史中歷歷言之。彼顧習焉忘之乎。豈昔年有道之足以勝無道者。今豈緣學術維精之故。反足以勝道心之維微乎。吾有以知其必不然矣。

嗚呼各國之興。不緣無道而實緣有道。固所謂古有明訓。今有明徵者也。乃重學術而輕道心者。不謂然也。推其謬論。厥有三端。或曰。今人之學業。迥超歷代。回視古人。直田舍翁耳。一謬也。今學之所以日深者。特就舊學而遞增之。非增新學而別創之也。即有新增。亦屬寥寥無幾。然則學於人耳。豈眞增於己哉。或曰。受教最深之人。無異於未嘗受教之人。故不知教化爲何物者。授以學術。亦能心領神會。二謬也。教化之大興。出於道心。非由於學術也。或又曰。一國之中大興學術。其國勢亦必大興。三謬也。試觀學術著名之國。往往道心淪喪。卽日漸而成積衰之勢。衡諸史册。歷歷不爽。似此三謬。實於世道人心。大有關繫。善爲政者。亟宜熟思而審處之也。

泰西有究心動物學者。察物之腦。而知物之性。腦愈小卽性愈蠢。愈易受人之制。腦極大卽性極靈。甚至生氣遠出。幾與人埒。格致學家因共言各種人類。亦猶是也。人之富於靈才者。必占人先。靈才不足。則茫無知識。甘居人下。謂余不信。則如有一國焉。其人多勤學好問。必有無窮之妙法。馴至於既富且強。又有一國焉。其人多不學無術。必致一無成就。以若所言。理非不合也。特其膚淺焉耳。試思三四百年前。歐洲新學初行。或謂。希臘國人。頭腦滿而靈才盛。歐羅巴西半洲各國之人。皆所不逮。此語傳至今日。經格致家悉心察驗。知其確有證據。且言。不但希臘數名人之腦與靈才。多於他國也。卽其平常之人。腦與靈才。亦傑出於西半洲人。更爲之考其實曰。希臘之靈才。較之歐洲諸人。實多十分之二。若欲窮其比例。則白人之靈才。多於黑人。亦僅十分之二耳。又有名流言。泰西今日之教化。本從希臘之學問。遞衍而來。信如是也。希臘當時之教化。何以遠遜於今日之泰西乎。是知教化之盛衰。非關腦之滿不滿。亦非恃靈才之富不富。學術之深不深也。道心宰之也。不然。泰西諸國之人。亦徒林林而生。總總而羣耳。其能有此隆平之極軌哉。至於泰西之靈才學術。今雖有格致家測驗之分數。然卒未能窮其究竟。故明敏如英前相格蘭師敦氏。人莫能與之比肩。亦曰。吾斯之未能詳也。格蘭師敦氏之外。又有考求世人死生之總數者。更有考求各國生計之總數者。皆知格致家所稱頭腦靈才諸說。未可盡信。試稽羅馬國史。當其全盛之日。頒行定律。專選富於靈才深於學術之人。賜以世爵。且詔之曰。汝等諸世家。不許與尋常百姓通婚媾。意蓋謂。世家世爲婚姻。夫婦皆具靈才。皆通學術。所生之子女。必不致愚蠢如平民也。豈知數百年之後。世家有絕嗣者。有生子而不慧者。不但稽其生齒之數。絕少於常人也。僅有瓞衍瓜緜者。亦與平民無異。衆始知此法之不足恃。然歐洲諸大國。仍不免蹈其覆轍也。英國之興。世家五百。其能傳三百年者。止五家耳。法國諸世家。數傳之後。亦即無著名之人。

今試究其致此之故。有較然易明者。門弟既高。聲華赫奕。又有不許與平民聯姻之例。遇事必高視闊步。自命不凡。然以游山言。身登絕頂。無可再上。徬徨四顧。孑然一身。不得不降格相從者。勢也。且又有說者。讀書士子。如教師律師醫師之屬。富家鉅室。如掌理家人生產之輩。往往心有專注。頓忘宜室宜家。故其娶婦也。必較遲於常人。甚至有終身不娶者。若輩之後裔。自因之而較少矣。

欲明婚姻遲早之關繫。則如有甲乙二人者。今年皆二十二歲。若衡諸壽夭適中之數。則尚可冀共在世三十三年。至五十五歲而同卒。乃甲郎於今年娶婦。旣而生子亦二十二歲而娶婦。世代遞嬗。不相上下。乙則曰我欲先積財而後娶婦也。遲至三十三歲。始有閨房之樂。子復生子。孫復生孫。恪遵乙訓。皆三十三歲而有妻。於是如甲家者。每代加一倍有半。百年之內。共生三代七分有五。乙家則至第二代。但加一倍二分有五。積至百年。祇生二代有半。照此核算甲家於百年中。有人十八口。乙家同此百年。僅有七口。若至二百年之久。甲家人口。多於乙家者六倍。更推算至三百年後。竟有一十五倍之多。夫甲者。一平民之比例也。乙者。一世家之比例也。平民之多於世家。一甲裔之多於乙裔也。多而不已。生生不絕。少而不已。卽有絕嗣之憂矣。

昔有比較各種人之元首者。開列清單。以示於衆。因知盛世之人。其頭必大。衰世之人。其頭必小。而頭大頭小之異。則緣腦滿腦耗之別也。但尚有不能盡明者。犯罪之人。頭反大於平民。斐洲有居於山洞之野人。直與獸族爲儔。而其頭反大於巴黎人。考其實數。不可以尺寸分量言。則如平民者。○○○也。犯罪之人。○○○○也。又如巴黎人者。○○○○○也。斐洲野人○○

○○○○○也。此其故何也。

上文言教化之盛衰。不在乎人腦之大小。固也。若取受教最深之人。以與全未聞教之人較。相去遼絕。則盡人而知之矣。但其所以然之故。昔人所言。殊多誤會。若論受教者之學問。自深於尚未聞教之人。故如天涯海角之相睽。瞬息閒電報往來。直同面語。又如日月之薄蝕。彗星之軌道。行星相會之時刻。皆可於數百年前布算而知。分毫不謬。又如特製機筒。留聲於內。子孫可聆祖父之遺訓。更如造分光之寶鏡。以窺天上之星辰。而知其體質。餘如一切致用之物。甚至若舟若車。能自行於水陸。無不得心應手。告厥成功。是受教者之靈才固超出於無教人者萬萬也。特其所以立教者。初非如上云云也。試思古有著名之國。亦有著名之學。今則國就滅而學失傳。是豈學之罪哉。古人無自永其國之道也。今人多傳新法。必由新學。然亦非學之功也。處此時局。使人有無窮之善法。以永其國。國祚既永。創新法者。往往並世而興。不謀而合。故凡言興國而專恃學術者。又言學術廢而國隨以衰者。正如一人置身塔頂。下視衆生。營營如蟻。遂目人爲蟻。而不知特其本身高踞於數十丈之上耳。倏然下行。亦一蟻耳。又有人言。歐洲北境有一種人。枚舉雜物。非三即五而止。再加一數。即不能知。似此下愚。較諸精於算學之人。相去不知其幾許也。而不知又有人焉。以游牧爲生。牛馬成羣。

日之夕矣。爾牧來思一望而知其全否。此特盡識諸牲之毛色形狀。因而有會於心。非有人教以布算也。或又謂有大馬辣人者。不知記數。直如犬族之陋。蓋犬生數子。人盜其一。犬不知也。此大謬之說也。我生之初何嘗知數。若使大馬辣人受教一如我輩。十百千萬。一目瞭然。豈能因其偶不識數之故。遽笑其犬而人哉。且安知大馬辣人者。不有他法以記數哉。故論教化之所成。不可謂因學術而生也。宜曰、實從生學術之道而生。

人有恒言。皆曰。印度國與緬甸國人。雖不及歐洲人教化之美。然靈才殊敏妙也。不知若輩之在印度。或赴歐洲。與各大國人同學肄業。及至考試之際。竟有可駕歐人而上之者。且不獨印度緬甸之人然也。甚至新西蘭人。及澳洲之土人。與夫美國之黑人。使之一讀歐書。往往不在歐人之下。然問其國勢能及歐洲百一與否。則又夫人而知之。是知國之興衰。誠不專恃人之靈才。與其學術也。或曰。此種土人與歐洲人同場考試。間或出一頭地。然終不能每試必冠其曹。偶也。此說若確。尤可見凡國之興。不在靈才。不關學術。由於有能使之永其靈才。深其學術者。

歐羅巴各國之人。同處一洲。而實互分族類。祇緣數千年來。彼此互通婚媾。幾難細別。淄澠然。仍有兩種人。矯然不羣。莫能相溷。其一種曰客涕。法蘭西人。卽其族類也。別一種曰土脫泥德意志英吉利諸國之人。爲其苗裔。若究兩種人之靈才。亦屬各不相同。客滌人講求治國之法。研究格致雅藝諸學。聰明智慧。正如希臘古人。至於土脫泥人。於客滌人所學諸事。亦頗有條不紊。特不能如客滌人之明若觀火耳。然考十九周中。泰西各國。雖共隨法國之後。盛稱民爲邦本之至理。但土脫泥人。凡事皆興盛。莫比法國則淡然漠然。凡事幾付之流水。此中消息。深識者默喻之矣。

一千七百四五十年間。英法之戰。不特歐洲諸國紛紜徵調。全境驛騷已也。禍延斐美二洲。以及亞洲之印度。陷弗槍林彈雨。殺人如麻。甚至蒼茫大海之中。亦復互角雌雄。鮫鱷半遭荼毒。

似此猛鬬。實爲生民以來所未有。而其關繫之鉅。更獨步於千秋。迄今追憶前塵。當未分勝負之時。凡憑軾而觀者。鮮不曰法國生齒既多。且財富而兵雄。似宜可操勝算矣。豈知法屢戰而屢蹶。君爲人俘。齊奏凱歌者。反在諸事不如法國之英人也。是果何道歟。然而英人者。固非諸事不如法國者也。試稽列國清册。一千七百八十九年。英國戶口。祇九兆六億有奇耳。法人乃有二京六兆三億有奇。英之國帑。亦僅歲入英金一京五兆餘鎊。法則有二京四兆餘鎊。英之不如法也明甚。乃甫越百年。而至一千八百九十年。與英國生同族類者。遞增至一垓零一兆人。其屬地之人。及美洲之黑人。尚不與其列也。更考法國則同時僅增至四京人。且英人每至一地。不論他洲異族。大都穩固不搖。他國皆望塵莫及。不但此也。卽近廿餘年來。土脫泥之別支。如德國也者。法又不能與之抗。但迴溯百年前泰西各國俱謂法人極有靈才。佐以學術。實足超出人上者也。亦越於今。靈才未嘗忽昧。乃凡事墮於人後。則其故可思矣。再考戶口之數。英國千人中。每年以生抵死。大抵增出十三人。德國增出十人。法國則僅多一人。且有數邑。竟併一人而不增者。故法國一百五十年之內。生齒既蕭條於他國。一切興盛之基。亦俱不能及英德。甚至國中之地。無人承買。遂漸入外人之手。法國某大吏憂之。曾勸國家特頒新令云。凡來購法地之人。宜卽改入法籍。

每年以五萬或十萬人爲率。庶幾法國之地。仍在法人掌握。某法報則言。似此江河目下。再閱五十年。恐在法而操英國方言者。增至十人而操法人之土語者。祇一人矣。又一法報言。我國頹唐至此。爲時不久。必更不如義大利與西班牙。而爲歐洲之二等國矣。諸如此類。皆法人自道者也。然而法人之靈才自在也。學術未衰也。特旣遇同具靈才同研學術。而兼備道德之人。自不覺瞠乎其後。且富靈才而喪道心。不但不能持久。更如羲輪過午。催令其速薄崦嵫也。惜哉。

法事之敗壞。非有他人敗壞之也。其人之自願趨於卑下也。若問法人之法。何以不增。試查法國之男子。逾二十歲而卽娶婦者。每千人中。僅有六百零九人。且能生二嬰孩者。每千家中。僅有六百四十家。而其中之二百家。則竟不生一孩。或謂法人恐生齒日多。流於貧窶。故強自裁抑。毋俾遺種也。又有法名人言。似此不生子女之惡俗。但行於無道人中耳。若有道之家。固各有子女也。語雖不同。然可證法人中。固有不欲廣其生育者矣。總而言之。希臘人極有靈才。而國祚衰薄。英國天下莫強焉。乃其人靈才之燦著。不及道德之光華。再者人腦之大小。及最與之國之靈才。以與未受教化之人較。不見其顯分軒輊。所異者。不過有能傳後與否耳。更以國較。亦可知立國之永久。不但因人之靈才。實因有能使靈才之可以永久耳。不然。彼人之但具靈才者。不幾如上云云。催其國以趨衰敗之地乎。似此一切明證。灼知凡國之興。不可恃人之靈才。亦不專恃人之學術。必有忠厚長者。本其道心。釀而爲公平和睦之心。以之治事。而事治。以之秉國。而國可久長也。吾更願重言以申明之曰。人生世上。道德爲先。靈才爲後。凡求國之興者。必先培養人之道心。而後教以學術。濟以靈才。則夫日上蒸蒸者。若決江河。沛然莫之能禦也。若有國焉。祇講靈才。祇考學術。而置道德於不顧。即使勢處極盛。而禍機已伏。旦暮間衰敗隨之矣。

凡講動植物之學者。常言凡事皆有兩相敵者。其一曰。按那玻璃。其二曰。揩他玻璃。其以按那玻璃勝者。無論禽獸草木。轉瞬萌芽茁壯。莫可遏抑。若以揩他玻璃勝者。必病而死。歷試不爽。持論不刊。若論國家。亦有相敵之二事。利人一也。利己又一也。人有道德。能仰體天心。俯利人類。國罔不興。反是以思。凡人不問天意。但求利己。國罔不敗。乃淺見之士。尚沾沾曰。我有靈才也。嗚呼靈才云乎哉。

第十章總結

數千年來。恆有究心於動植諸物之學者。顧皆雜亂無章。不足爲訓。近代格致名家。始考得其要理。歷一二百年之久。至於今日。進而益上。著書立說。以餉後人。迴視古書。直糠粃矣。本書創講天下大同之學。質諸通人博士。若許爲與理不差。逆料後世之講是學者。精益求精。亦必與昔年大異。前數章論利己利人二事。恆言。彼此實有相敵之勢。衡諸近二百年中。英國名流所講之性理。截然相反。歷代諸名流多謂。天演之道。欲使徧地球人。大富者居太半。而其小半之未富者。亦可由漸而致大富。故如施本思者。名流中之英絕領袖也。亦曰。現在世閒之太半人。應如何而席豐履厚。又應如何而保世滋大。然自我觀之。所謂天演之道者。非特使現在之人。何以致富。上推過去。中更現在。下究未來。務使之胥出窮鄉。同遊樂國。然後其道始盡。而其量卽由是以愈宏。

施本思所執之理。蓋欲化爭競而敦仁愛。直如父母之待子女。

皆願捨身忘己。相與保抱提攜也。此不第與達文所言。迥不相同也。竊謂世人若眞能如此。卽屬均富之學。亦卽如德人韋師滿所稱。世事敗壞之始矣。施本思復聞言。人生斯世。如家人父子之互相扶助。此理自然而具。絕無勉强。殊不思人有恒言。皆曰。父母之事。不能由子女專主。豈有今代之人。而可任後人之爲政乎。古世之希臘羅馬。今世之法蘭西。皆雄國也。乃無敬天之道以貫之。故一敗而不可收拾。若其歷久而不敝者。必有天道。以筦攝乎人心。使人不但求一己之益。更能仰體天心。俾衆人悉受其益。

古來黷武窮兵之國。往往以甲冑代衮冕。民氣乃鬱而不舒。迨及今世。皇皇天道。深入於各國之民心。然後執政之人。不得不按公道以治民。又如古來著作家。亦有專講勢力。而不知道德之關繫者。近代哲人。如英之馬審者。講富國學之第一流人物也。乃其言曰。居今之世。苟不能舉至德要道。徧傳諸民。而求富之戛戛乎其難哉。且以傳道而言。今又非昔比矣。昔者。藉教皇之威力。逼衆人以守道。今則教士以眞道化人。故凡誠心受教者。無一不存敬天之心。亦無一不效法救主。願捨己以救人。是以泰西諸望國之興。皆肇基於抱道之士。盛講道學。感孚民志。遲之又久。眞力彌滿。朝野上下。萬事皆煥然一新矣。

天下無道之人。專務泥古而已。有道之士。則活潑潑地。遇事皆妙於變通。然又非師心而蔑古也。古法之善者。依然極力保全。毋俾廢墜。今法之善者。則更毅然身體而力行之。斷不肯墨守舊章。自貽伊戚。跡其心存救世。惟期康濟兆民。以視斷斷於新法舊法之分。而矜言舍舊謀新者。其命意尤加一等矣。

上溯三百年前。英國當重新眞教之際。歷年無阻。遍國盡興。牧民諸老臣中。向有恃刑驅勢迫爲長策者。至是皆潛移默化。自覺其昨日之非。於是畧讓其權。分於民衆。馴至今日。英民皆得操舉官之權。且猶不第使民與官紳得有通權之道已也。教澤之涵濡。匪伊朝夕。官紳自不敢恃其門第。以壓平民。平民乃爭自濯磨。卒爲善士。而得與世家子弟。並肩入仕。卽亦可擅操奇計贏之術。紫標黃榜。莫汝瑕疵焉。然又非有犯上作亂之人。如法蘭西之君民交鬨。而始強改爲民主之國也。譬之嘉樹。開花結子。發榮滋長。行所無事。故英吉利蠅興之眞諦。實不在政令之善。而在天有顯道。徧種於通國之民心。

近年以來。歐美二洲南部諸國。亦許其民操舉官之權。第觀其一切制度。似與歐美北部諸國無分軒輕。然南部之民。常以紛爭釀禍亂。北部則民情靜謐。一若舉官以保己。即藉以治己者。有不期然而然之樂也。此無他。天道之深入於民心也。

若論人種之別。亦有可證道心者。凡居於溫道之上品人。轉徙而入熱道。遂雜居於未受教化之下流人中。無論虐使之也。即使憐其愚蠢。特從優待。下流人亦必日漸澌滅。求其子孫蕃衍。瓜瓞緜緜者。必屬上品之人。水土雖惡劣萬分。亦不得而夭札之。今試考太平洋羣島中人。及美國之土人。具有明證。更考赤道之下。經西班牙和蘭英吉利法蘭西諸國之人。各於數百年前。自歐洲航海而至。深入其阻。或犄或角。剖分而食之。然地脈雖極肥沃。而天氣則極炎蒸。生於溫道之人。不能觸暑而往耕也。爰移斐洲之黑人。至中美洲。使操耕耘之業。而西和英法諸人。居然自命爲田主。而目黑人爲佃奴。酷虐苛殘。無復人理。乃若輩正役奴以致富之際。歐洲善人日衆。苦心修道。苦口講道。而謂黑人亦同此血氣。同此心知。所異者。惟在秀頑與靈蠢耳。

我輩白人。宜體上天好生之德。以拯黑人於苦海之中。迨其道偏傳於通國。執政者亦愁然不安於心。然後昌於朝列。云釋奴自主。實爲當今治世之第一義。旋又推諸治軍。凡入伍之士卒。昔年有遭將帥之屈抑者。至是亦懸爲厲禁。諸苦人乃有生之氣。無死之心矣。

西歷一千七百九十二年。英議院删改買奴之律。垂爲令典。一千七百九十四年。法議院援照英律。加惠黑奴。一千八百三十四年。英議院重定新律。舉偏國之奴隸。盡由公家代贖。俾與平民爲伍。凡糜金二京鎊。以光緒己亥市價稽之約合華銀一萬四千萬兩一千八百四十八年。法奴亦蒙省釋。一千八百六十三年。和蘭續頒釋奴之律。一千八百六十五年。美國亦釋其奴。且猶不止此也。十九周（卽西歷一千八百一年至九百年）將滿之時。南斐洲昔屬西班牙諸地。一一自立爲國。然立國者。其名學歐洲治法者亦其外貌耳。既無歐洲善講天道之人。其國卽無能自振。且有更不如其隸人字下者。自中美洲以達於南美洲。共有小民主之國二十有二。國中有土著焉。占籍四分之一。但已與歐洲寓公互通婚媾。行將成一美洲之新種。夷考其地則廣大無垠。肥沃無比也。而其民則甚少。且卽仿美洲民主之善法。而國祚終不克綿長。循行隴畝之閒。又多荒蕪不治。推究到極至處。皆因不明眞教之故。若取泰西之教。與其地之自稱爲教者。互相比較。相去直若天淵。若而人者。既無至德要道。以啟發其靈明。則其廣大肥沃之地。不能不受治於泰西之善國。特今尚姑待之耳。若問白人之欲占其地。不免大負初心。豈黑人之迫而成之乎。非也。出於白人之自願也。更問白人何以有此願。則請正告之曰。無已則有一焉。凡講天道者。不分國。不分洲。不分種。但曰凡爲人者。皆兄弟也。皆當秉公道以待之也。而益以見十九周中講道之人。關繫誠非淺鮮矣。

横覽當今之世。亟應措置合宜者。厥有二大事焉。其一爲均富之法。各有利弊。辨別不可不審。其二爲任地之法。今徧地球溫帶之地。已爲均富者所分占。故必熟察乎白種黑種之人情。而知何種人宜於溫道。何種人宜於熱道。因而各奠其居。昔者。赤道（即熱帶）之下。沃衍彌望。爲五洲諸地之冠。而其民不知種植。任其大半荒蕪。薄游是鄉者。惟見豐草長林。爲毛蟲之窟宅耳。今欲富民。必設善法。以墾闢赤道下地。而資其土產。以爲人世之大用。誠如是也。向居熱帶之人。固終身之飽煖。亦可藉以養溫帶之人。或疑歐洲之人。既不能遷居炎方。欲以黑人充佃奴。又覺不合乎大道。然則任黑人生老病死於其閒乎。開墾又未知何日。則將若之何。或曰。赤道下之人。生長愈多。不得不代謀良策。使之自墾其地。然後天下之人。無論熱帶。亦無論溫帶。皆得受其益矣。

今試就英國言之。英國自命不凡。其人又善講道德。乃強占印度全國。以爲藩服。未免跡類貪婪。不知英雖占取其地而實未嘗虐待其人。亦不以改教易俗等事。強人就我。惟不許其國人。仍如昔年之日尋干戈。而進以太平之景象耳。猶未已也。更爲之築鐵路。興郵政。通電報。聯四境而成一體。且徧立大小學塾。使其人周知五洲之情狀。又使之仰事俯畜。綽有餘裕。生計數倍於往年。蓋自古迄今。熱帶之地。從未有似此墾闢似此富饒者。英人得行其道。於本國固自有益。然先受其益者。實惟印度本土之人也。英國更一視同仁。凡有利藪之可居。悉任印人之善自爲謀。毫不加以抑勒。甚至通商他國。亦得占英人應占之利權。故英之取印。不徒有益於英。有益於印已也。更能富其利源。以益萬國。明哲之士。蓋皆衆口一詞。無異議焉。

更試舍英而言法。法國在斐洲北岸。剖取拖泥泗全地。以爲己屬。亦赤道下地也。芟夷草昧。極意經營。雖其治法。如一千八百九十三年定章。不許他國商船往運客貨之類。大半專謀利己。然法國商船。依然運其土產。分售各國。則各國亦均受其利矣。

再考埃及國事。更可知開闢赤道下土田之關繫矣。埃及立國。雖云最古。徒以僻處炎荒。智識愚闇。六千年來。毫無生色。越在近世。歐洲人接踵而往。教以各國之善法。其君若臣者。頗能心領神會。不謂其用此法者。祇以利己。非以利人。遂成地球自古訖今未有之大弊。論世者深以爲憾。溯查一千八百七十六年。埃及試行新法。當時所負之國債。僅由英金三兆鎊。增至六兆鎊耳。乃荏苒十三年。遞積至八京九兆鎊。增於前債三十倍。及毀其全國之財產。竟如赤貧之子。問其貸欵之所在。則盡飽君若臣之貪囊。且一入而不可出。堂堂債帥。絕不作還債之想。似此奇事。良堪駭詫。既而消息傳入英國。訪知受其累者。法人而外。多屬英人。心甚不平。然時値求新黨人執英政。向以善於治內爲主。不欲與人家國事。英人皆深知之。喪失鉅金。幾絕望矣。不料政府大臣。忽發奇想。竟共投袂而起。越俎而謀。遂遣重臣。代主埃政。諸議員不以爲然。指摘紛起。且共嘆曰。以歐洲之白種。遠謀赤道下異種之財政。兼代理他國之債務。事必無成。徒貽笑耳。更不料英國才人至埃而後。諸事悉歸掌握。曾不數載。不但國帑所入。足供按期還債之需也。且入欵多於出欵。民不病而國有餘。維我英人。豈眞有點金之術哉。開鐵路以運貨。修水利以灌田。利民之政。罔弗興也。而害民之事。則更在所必除。卽如埃及向例。遇事必科派於民閒。英制。則改爲取償於官府。埃例。徭役頻繁。不予工價。英人則計口授食。俾共有趨事赴功之樂。第以農業論。農田三分之一。悉種棉花。英人授以農學新法。向之畝收千斤者。至是可收千五百斤。民既富矣。國家何至獨貧。故昔日國債劵一紙。實借英金百鎊。賤至五十九鎊。始有願購之人。英一變之。忽又貴至九十八鎊。似此絕大之漏巵。轉瞬閒成爲金穴。亦豈英人之才智。遠勝埃人哉。良由英人以不貪爲寶。公而忘私。又不忍埃民之困苦顛連。遂出其道以救之也。且英雖爲政於埃及。而考其所定章程。乃纖微無損於他國。各國人任意往來。竟與英人無異。埃及則經此整頓。商業亦緣之而漸興。但英人在埃之貿易。實占各國之大半。英人獲利不貲。投木瓜而報瓊琚。此可視爲分所當然。並無愧怍。況英無不許他國貿易之例。治埃一如其治印。各國乃借重英人之力。國債之本利。無憂缺乏。其商人更視埃爲樂國焉。

近代泰西各國之人。競言赤道一帶之地。不可視爲石田而棄之。故十九周中。即以剖分斐洲全地。為第一大事。美國立志。不願歐人羣赴美洲。開墾新地。然其命意大抵無異於歐人。居今日而衡後事。欲知何人之往治此等地。不必視何色之人種也。亦不必視何人之學問。但有一國。用人行政。穩固不搖。即知其國將來。可治此地。若問穩固不搖四字。於何徵之。則曰。何國最重道德。何人認眞辦事。凡事誠實無僞。即穩固不搖矣。若使不修道德。尊尚計謀。如南斐洲諸小國者。無有一國能穩固不搖。永享國祚者也。

又考印度一國之人。何以臣服於英。而無貳心哉。英兵之戍印者。蓋寥寥無幾人也。乃久不聞有叛亂之警。蓋其大半之人。已知英官之惟欲認眞辦事耳。英在埃及。亦復如是。故欲知二十周中有何國盛於他國。祇須熟察乎其人之道德。其人苟道高德備。其國卽長駕遠馭。罄無不宜矣。

英人有雷啟者。良史才也。生平著作等身。而其講各國興盛之本原。則曰。其國之人。修心治家。皆有道範。經商則誠實不欺。又願設法以益衆人。而立身則不尚奢華。立心則正直無私。見人坦然。無所畏縮。凡事合乎時中之道。且其中也。不專因學問而起。兼因道心而生。故欲知將來其國之能興與否。惟視其人之有此數德與否耳。更試思之。凡博人之欽佩弗諼者。非十分誠信之人乎。非十分淸廉之人乎。遇事小心謹慎。而與大道有息息相通之勢。斯人盡敬之矣。今有語我以何國中多此種人者。我卽對之曰。他日大興於天下卽此國也。有歷代之史記。可互證也。非憑空武斷之比也。試觀將來。斷不能離此理。

總之目下之光景。確知上帝欲五洲各國各種各教之人。彼此各治其事。而俾五洲之人。共仰望而稱譽之。將來卽以各洲之權勢歸之。彼第知守舊者。多恐愚民有權。必致萬事淆亂。殊不知今之民。非古之民也。一則讀書多於古人。二則不但讀書人共講道德。卽衆人亦畧知一二。民既躬被教澤。心知大道。乃如之人分掌國權。實世間第一有益之事。維彼愚人。則恐有道者遽分其權耳。

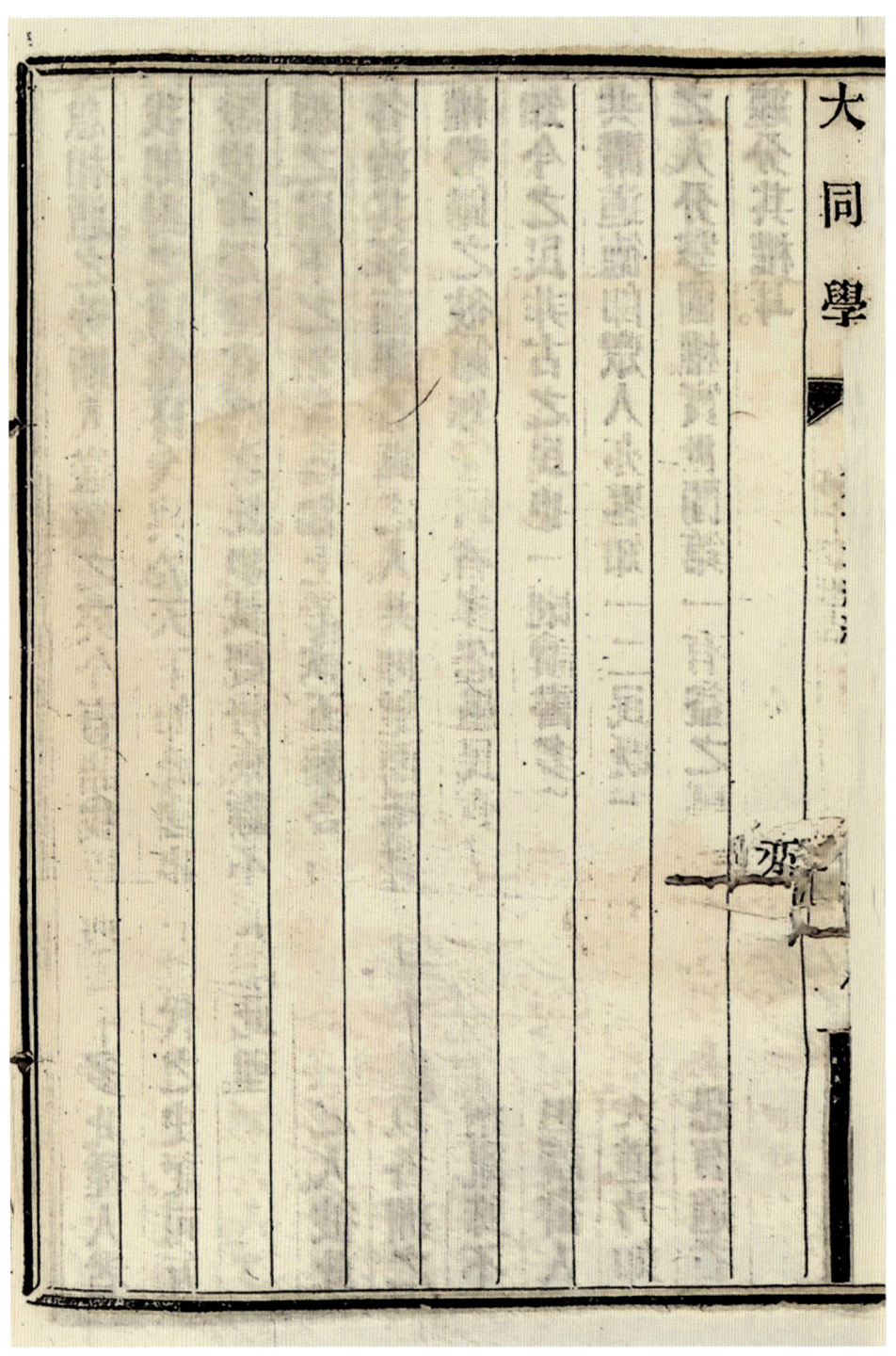

大同學附表第一　婚嫁年歲勻計

英國男婚女嫁。逐年各有清單。惟視其操業之隆汚。以判其成家之遲早。今將一千八百八十四五年分清單。具列於左。是二年之前後。雖或閒有參差。然大致皆不甚懸殊。卽不必再行臚舉。至續娶及再醮之男婦。則皆不與其列也。男婚女嫁之年歲大抵皆酌中定數非謂一律如是也

操業	男婚之歲零數以百分計女同	女嫁之年
礦工	二十四歲零六分	二十二歲四十六分
織工	二十四歲三十八分	二十三歲四十三分
靴工衣匠	二十四歲九十二分	二十四歲三十一分

細工	二十五歲三十五分	二十三歲七十分
麤工	二十五歲五十六分	二十三歲六十六分
司帳	二十六歲二十五分	二十四歲四十三分
店主	二十六歲六十七分	二十四歲二十二分
農夫	二十九歲二十三分	二十六歲九十一分
富室書家	三十一歲二十二分	二十六歲四十分

大同學附表第二 各業嫁娶實年

年歲		礦工	織工	粗工	細工	艷衣	店主	司帳	農夫	富豪
不滿二一	男	[illegible]	[illegible]	[illegible]	[illegible]	[illegible]	[illegible]	[illegible]	[illegible]	[illegible]
十一	女	[illegible]	[illegible]	[illegible]	[illegible]	[illegible]	[illegible]	[illegible]	[illegible]	[illegible]
廿一至	男	[illegible]	[illegible]	[illegible]	[illegible]	[illegible]	[illegible]	[illegible]	[illegible]	[illegible]
廿五	女	[illegible]	[illegible]	[illegible]	[illegible]	[illegible]	[illegible]	[illegible]	[illegible]	[illegible]
廿五至	男	[illegible]	[illegible]	[illegible]	[illegible]	[illegible]	[illegible]	[illegible]	[illegible]	[illegible]
三十	女	[illegible]	[illegible]	[illegible]	[illegible]	[illegible]	[illegible]	[illegible]	[illegible]	[illegible]
三十至	男	[illegible]	[illegible]	[illegible]	[illegible]	[illegible]	[illegible]	[illegible]	[illegible]	[illegible]
三十五	女	[illegible]	[illegible]	[illegible]	[illegible]	[illegible]	[illegible]	[illegible]	[illegible]	[illegible]

三十五	男	〡〤	〡〦	〡〩	〡〥	〡〨	〥〢	〡三	〦〥	〤〧
至四十	女	〡一	〡〨	〹	〡〦	〺	〡〨	〡〧	〦〥	〢〤
四十至	男	〦	〡〧	〡〨	〡〧	〦	〡〩	〡一	〤〧	〥〢
四十五	女	〤	〧	〩	〨	〸	〧	〧	〹	〡〩
四十五	男	無	〥	〧	〤	〨	〦	〦	〡〤	〡〦
至五十	女	〤	〤	〥	〤	〤	〦	三	〹	〡一
五十	男	一	二	〥	〥	〦	〤	〧	〡〤	〢〤
以上	女	一	〤	二	二	〦	〥	三	〡一	〡〧

右大同學附表第二。蓋考一千八百八十四五年分英國婚嫁清單。而知其年歲之確數也。表中所記若干人。皆就千人

中而言。故總數卽合千人。續絃再醮。亦不在內。
綜觀以上兩表。因知英民之貧者。婚嫁最早。而富家子則最晚也。故礦工其最貧者也。乃男子千人。不及二十五歲而娶妻者。多至七百二人。富室書家之子弟。僅一百五十一人耳。以礦爲生之女子。不滿二十五歲而嫁者。千人中凡八百二十七人。富室書家。亦僅五百二十九人耳。若以遲早勻計。礦工之娶妻者。大抵二十四歲。其嫁夫者。大抵二十二歲半。富室書家之娶妻者。大抵三十一歲。其嫁夫者。大抵二十六歲半。此皆載於第一表。更以貧富合計。大抵富家子遲娶七年。富室女遲嫁四年。

再考英國之貧民。大抵皆已牉合。其以鰥魚寡鵠終身者。苟非富家。卽係士族。向嘗疑自顧不贍之子女。婚嫁必致愆期也。今細察之。乃適相反。因以推諸他國。當亦不甚相遠。

大同學附表第三　美國生齒

美利堅立國之初。全地祇十有三省耳。百年以來。開闢日廣。今共增至五十省。而其南境之十八省。則以黑人爲多。今特取外來之白人。及土著之黑人。歷年學生總數。（零數不計）及其分數。列表於左

紀年	白人	黑人	白人千有黑人	白人百共增	黑人百共加
[illegible]年	一兆七億	九億一萬	五百三十九		
[illegible]年	二兆二億	一兆二億七萬	五百七十五	廿九	卅八
[illegible]年	二兆八億三萬	一兆六億五萬	五百八十三	廿八	廿九
[illegible]年	三兆六億六萬	二兆一億八萬	五百九十七	廿九	卅二

八百四十年	四兆六億三萬	二兆七億	五百八十三	廿六	廿三
八百五十年	六兆二億二萬	三兆四億四萬	五百五十三	卅四	廿七
八百六十年	八兆二億	四兆二億一萬	五百十三	卅一	廿二
八百七十年	九兆八億一萬	四兆五億五萬	四百六十四	十九	八
八百八十年	一京三兆五億三萬	六兆一億四萬	四百五十三	卅七	卅四
八百九十年	一京六兆八億六萬	六兆九億九萬	四百十四	廿四	十三

由此觀之自一千八百三十年以後黑人雖生生不已而以白人相較則生育尤繁矣

大同學附表第四　法國生齒

昔年。法國生齒之盛。於歐洲各國中。可屈一指。乃近百年來。竟至遞年銳減。列表於後。

紀年	每千人中每年共生
一千八百一至十年	三十二人
一千八百十一至二十年	三十一人
一千八百二十一至三十年	三十人
一千八百三十一至四十年	二十九人
一千八百四十一至五十年	二十七人
一千八百五十一至六十年	二十六人

一千八百六十一至七十年	二十六人
一千八百七十一至八十年	二十五人
一千八百八十一至八十五年	二十四人
一千八百八十八年	二十三人

國以民爲本。民生日見其少。國事斷難日見其盛。兼國者於此。所宜深長思也。

廣學會書目書價附均以洋銀計

萬國公報每月一本　一角五分　每年十二本　一圓五角

中西教會報每月一本　一角　每年十二本　一圓

花之安著

自西徂東　八角　性海淵源　二角　經學不厭精　八角

聖蹟五彩圖　救主　約瑟　摩西　大闢王　所羅門王　以斯帖　但以理　路德氏　各二角五分

韋廉臣著

格物探源　壹圓　基督實錄　壹圓　治國要務　二角五分共九篇備列於後零售亦可

治國要務總論　國之三寶　致治之本　煤炭礦利　林木之益　修路之益　機器之益　人非教不成

非忠恕不可　各四分

二約釋義叢書　六角　女兒經　三分　耶穌紀要　一角五分

慕維廉著

聖書綱目　二角　格致新機　一角　人心變與上帝　二分　破船救人記　二分

林樂知著

自歷明證　七角七分現有十二種備列於後零售亦可

卷一印度教栢得門奇信道　一角半　卷二羅馬教與古斯丁信道　一角　卷三回回教依美德定信道　三分

卷四猶太教洛士伐里信道　三分　卷五婆羅門教瑟的那但信道二分　卷六日本教新島約瑟信道　一角

卷七印度教但以利信道　六分　卷八歐洲古時人信道　八分　卷九印度女氏信道　三分

卷十巴西等人信道　三分　卷十一英國得基督教緣始　二分　卷十二基掃斯登　一角二分

大同學

安仁車　一角二分　中西互論　一分五釐　辨忠篇　四分
厖笛論道探源　八分　教堂買產公牘　一分　崇一論　三分
聖人說　五分　家用禱告文　六分　興華新義書　三分
印度隸英十二益說　二分　中東戰紀本末初編　一圓五角　中東戰紀本末續編　七角
文學興國策　二角　戰紀初續編文策全函　二圓　李中堂歷聘歐美記
中國度支考　一角五分　英輿記　三角五分　中東戰紀本末三編
富翟氏著
聖經釋義　五分　爲道受難記　三分　太平洋島受道記　三分
李提摩太著
泰西新史攬要　貳圓　時事新論圖說　陸角　中西年表五彩圖　一元　救世教益　三角
致士列傳　五角　五彩天樂圖　二角五分　三十一國志要　一角　喩道要旨篇　一角二分
列國變通興盛記　一角五分　生利分利之別　六分　五洲各國統屬圖　一角　傳教定例　五分
八星之一總論　五分　百年一覽　五分　八大帝王傳　五分　中西四大政　六分
五洲教務問答　二角　七國新學備要　三分　花圖篇一百張　一元五角　養民有法篇　一分
大國次第記　一分　救世有道　一分五釐　新政策　四分
名人雜著
新學彙編　八角　幼學操身　一角五分　正道啟蒙　一角五分
論機器之益　五釐　勉善會揭要　六分　華英讞案定章考　五分　農學新法　三分
修水口以利通商議五分　名公三序　三分　修命說　二分　山東貧窶考　二分
稅飲要例　二分　傳教諭旨　五分　中國變新策　二分　電學總覽　五分

基督本紀　二角　教化階梯衍義　八分

廣學會新出各書

格致舉隅　一角二分　聖經要道　三角　醫方彙編　一圓　福民圖　二分
救星圖　二角五分　聖經鳥獸圖　一角五分　聖經國人書　二角五分　聖經譬喻圖　一角五分
字母獸書　二角五分　字母國人書　一角五分　字母聖經故跡　二角五分　泰西聖跡圖　一圓
泰西聖跡圖單張　二角二分　歷代地球圖表四條一圓七角半又釘一本　一圓二角半　猶太地圖　二圓
大教統屬圖　一角　各教人數圖　三分　泰西畫譜　一圓　永息教案策　四分
証眞秘訣　一角二分　醒華博議　二角　救華卮言　一角二分　速興新學條例　六分
石印泰西新史攬要八角　石印時事新論圖說二角六分　蒙學淺說　一角　紅十字圖　一角
性學舉隅　七角　便帶地球　六元五角　天道與國淺說　一角　天倫詩　一角五分
聖教功效　二角五分　古史探原　二角　富國眞理　三角　使徒紀略　一角
彌賽亞　三分五釐　小孩新報　五分　筭斅說

非出於學術